RTY PACK
VOL.18
GUTE ZEITEN SCHLECHTE ZEITEN
DIE VOLLE PACKUNG!
Megastarke Charthits, die beliebtesten Snacks und Drinks der Darsteller, der GZSZ Kühlschrankmagnet und diverse Fanbonustracks.
Gute Zeiten - Schlechte Zeiten „Party Pack“ ab Februar 1999 im Handel

GUTE ZEITEN SCHLECHTE ZEITEN

Das offizielle Starkochbuch

Rezepte zum Verwöhnen und Versöhnen

RTL
BUCHEDITION

ZEITGEISTVERLAG

Düsseldorfer Straße 60
40545 Düsseldorf
Tel. 0211-556255
Fax 0211-575167

http://www.zeitgeistverlag.de
e-mail: zeitgeistv@aol.com

Herausgeber
Hubert Bücken

Autorin
Claudia Lück

Redaktion
Andreas Lück

Redaktionelle Mitarbeit
Annette Gillich, Helga Höfler, Julia Siegers, Jörg Beckmann

Layout
Marion Hennig

Koordination GRUNDY UFA
Pina Heidrich

Koordiniation RTL
Insa Küenzlen

Food-Fotos
Stock Food alle, außer
CMA Rücktitel (2), 25, 32, 44/45, 60, 65, 67, 74, 90, 98, 102
Andreas Henk 29, 31, 62, 96, 107, 108, 113

GZSZ-Szenenfotos
Rolf Baumgartner

Lithos
Publishing Partner, Bochum

Druck:
Mohndruck, Gütersloh

Alle Angaben nach bestem Wissen, jedoch ohne Gewähr

ISBN 3-926224-96-7

Inhalt

Cliquen-Rezepte

(4-6 Personen) ❤ Minestrone S. 12 ❤ ***Star-Rezept: Blechpizza von Alexander Schäfer/Alex Hinze*** S. 13 ❤ Super-Satt-Salat S. 14 ❤ Knackige Gemüseplatte S. 14 ❤ Moussaka S. 15 ❤ Risibisi mit Ei S. 16 ❤ Spaghetti mit Schinken-Pilze-Sauce S. 17 ❤ ***Star-Rezept: Sauerbraten von Raphael Schneider/Andreas „Andy“ Lehmann*** S. 18 ❤ Pasta alla bolognese S. 19 ❤ Bratäpfel S. 20 ❤ Zwiebelhähnchen S. 21

Vegetarische Küche

(2 Personen) ❤ ***Star-Rezept: Lauchsalat mit Schafskäse von Rainer Meifert/Dr. Jan Wittenberg*** S. 24 ❤ Grünkern-Bratlinge S. 25 ❤ Kichererbsenpüree S. 26 ❤ Super-Fitneß-Pita S. 27 ❤ Caprese S. 28 ❤ ***Star-Rezept: Vegetarischer Wok-Topf von Raphael Vogt/Nico A. Weimershaus*** S. 29 ❤ Tomaten-Pilz-Lasagne S. 30 ❤ Blumenkohl „einfach“ S. 30 ❤ Broccoli auf Hafer S. 31 ❤ Möhrensalat mit Apfel S. 32 ❤ Libanesischer Petersiliensalat S. 33

Texmex

(2 Personen) ❤ ***Star-Rezept: Tacos mit Hackfleisch und roten Bohnen von Simone Hanselmann/Anna Meisner*** S. 36 ❤ Scharfe Chicken Wings S. 37 ❤ Ranchers Pfanne S. 38 ❤ ***Star-Rezept: Baked Potatoes mit Sourcream von Laurent Daniels/Philip Krüger*** S. 39 ❤ Spareribs S. 40 ❤ Guacamole mit Nachos S. 41 ❤ Amerikanischer Spinatsalat S. 41 ❤ Cheeseburger S. 42 ❤ Perfekte Pommes S. 42 ❤ Chili con carne S. 43 ❤ Cayenne-Hähnchen S. 44

Kuschelrezepte

(2 Personen) ❤ ***Star-Rezept: Spaghetti aglio-olio von Lisa Riecken/Elisabeth Meinhart*** S. 48 ❤ Crespelle mit Nüssen S. 49 ❤ Rosarote Häschennudeln S. 49 ❤ Saltimbocca S. 50 ❤ ***Star-Rezept: Ratatouille von Rhea Harder/Flo Spira*** S. 52 ❤ Rinderfilet mit Gratin und glasierten Zwiebeln S. 55 ❤ Verführerische Reibekuchen S. 56 ❤ Sellerie mit Gorgonzola-Butter S. 56 ❤ Frischer Spargel mit Schinken S. 57

Kummerküche

(1-2 Personen) ❤ Omas Aufbau-Süppchen S. 60 ❤ ***Star-Rezept: „Nürnberger" mit Bohnen und Kartoffelpüree von Hans Christiani/A. R. Daniel*** S. 61 ❤ Linsensalat mit Schafskäse S. 62 ❤ Gebackene Ravioli S. 63 ❤ Nudeln mit Backobst S. 63 ❤ Wonne-Waffeln S. 64 ❤ Armer Ritter S. 65 ❤ Milchreis S. 66 ❤ Mousse au chocolat S. 67

Schnelles für den Feierabend

(2 Personen) ❤ Pfannkuchen S. 72 ❤ ***Star-Rezept: Gebratene Nudeln von Alexandra Neldel/Katja Wettstein*** S. 73 ❤ Bunter Salat mit Kräuterbaguette S. 74 ❤ Linsensuppe S. 75 ❤ Schnelle Käsesuppe S. 75 ❤ Nudeln mit Tomatensauce S. 76 ❤ ***Star-Rezept: Gnocchi al gorgonzola von Maren Thurm/Barbara Graf*** S. 77 ❤ Heringsstipp mit Pellkartoffeln S. 78 ❤ Scharfe Bohnen S. 80 ❤ Kartoffelbrei mit Käse S. 81 ❤ Kartoffelsuppe exquisit S. 81

Schlemmen wie im Fasan

(4 Personen) ❤ ***Star-Rezept: Ente mit Zucchini-Aprikosen-Gemüse von F. T. Mende/Clemens Richter*** S. 84 ❤ Vitello tonnato S. 85 ❤ Kürbiscremesuppe mit Ingwer S. 86 ❤ ***Star-Rezept: Coq au vin von Wolfgang Bahro/Dr. Hans-Joachim „Jo" Gerner*** S. 87 ❤ Lachskoteletts mit Zitronen-Basilikum-Sauce S. 88 ❤ Schnitzel in Cornflakes-Kruste S. 89 ❤ ***Star-Rezept: Pfeffergeschnetzeltes mit Klößen und Salat von Oli Petszokat/Ricky Marquart*** S. 90 ❤ Fischfilet mit Orangensauce S. 92 ❤ Gazpacho Andaluz S. 93

Party-Rezepte

Gemüse mit Dip S. 96 ❤ Fünfmal leckere Partybutter S. 97 ❤ Frischer Kartoffelsalat S. 98 ❤ Feuertopf S. 99 ❤ ***Star-Rezept: Mediterraner Nudelsalat von Nadine Dehmel/Nataly Jäger*** S. 100 ❤ Partysalat mit Schafskäse S. 102 ❤ Frikadellen – klassisch und exotisch S. 103

Mitternachts-Snacks

(2 Personen) ❤ ***Star-Rezept: Provençalische Garnelen von Nina Bott/Cora Hinze*** S. 106 ❤ Bruschetta S. 107 ❤ Spinat-Tortilla S. 108 ❤ ***Star-Rezept: Eier in Chilisauce von Ralf Benson/ Fabian Moreno*** S. 109 ❤ Spaghetti alla carbonara S. 110 ❤ Gebackener Schafskäse S. 111 ❤ Hawaii-Toast S. 111 ❤ Rührei „Midnight" S. 112 ❤ Penne burro e salvia S. 113

Süße Sachen

(4 Personen) ❤ Exotischer Fruchtsalat S. 116 ❤ Bärenstarker Beerenquark S. 117 ❤ ***Star-Rezept: Tiramisu von Tokessa Möller-Martinius/ Sonja Wiebe*** S. 118 ❤ Popcorn-Zitronenquark-Torte S. 119 ❤ Milky-Way-Torte S. 120 ❤ Rosinen-Bananen-Muffins S. 122 ❤ Bunte Obsttorte mit Vanillecreme S. 123

❤ Drinks aus Daniels Bar S. 124

❤ Basics S. 126

Equipment/Was man vorrätig haben sollte/ Zubereitungstips

❤ Register S. 128

❤ Großer Rezeptwettbewerb S. 130

Appetitmacher

In diesem Buch spielen Deine Stars aus GZSZ „Küchen-Rollen“. Sie laden Dich ein, ihre Lieblingsgerichte nachzukochen und viele andere coole Rezepte auszuprobieren. Ob zum Verwöhnen oder zum Versöhnen – ein selbst zubereitetes Essen für Familie oder Freunde ist immer etwas ganz Besonderes.

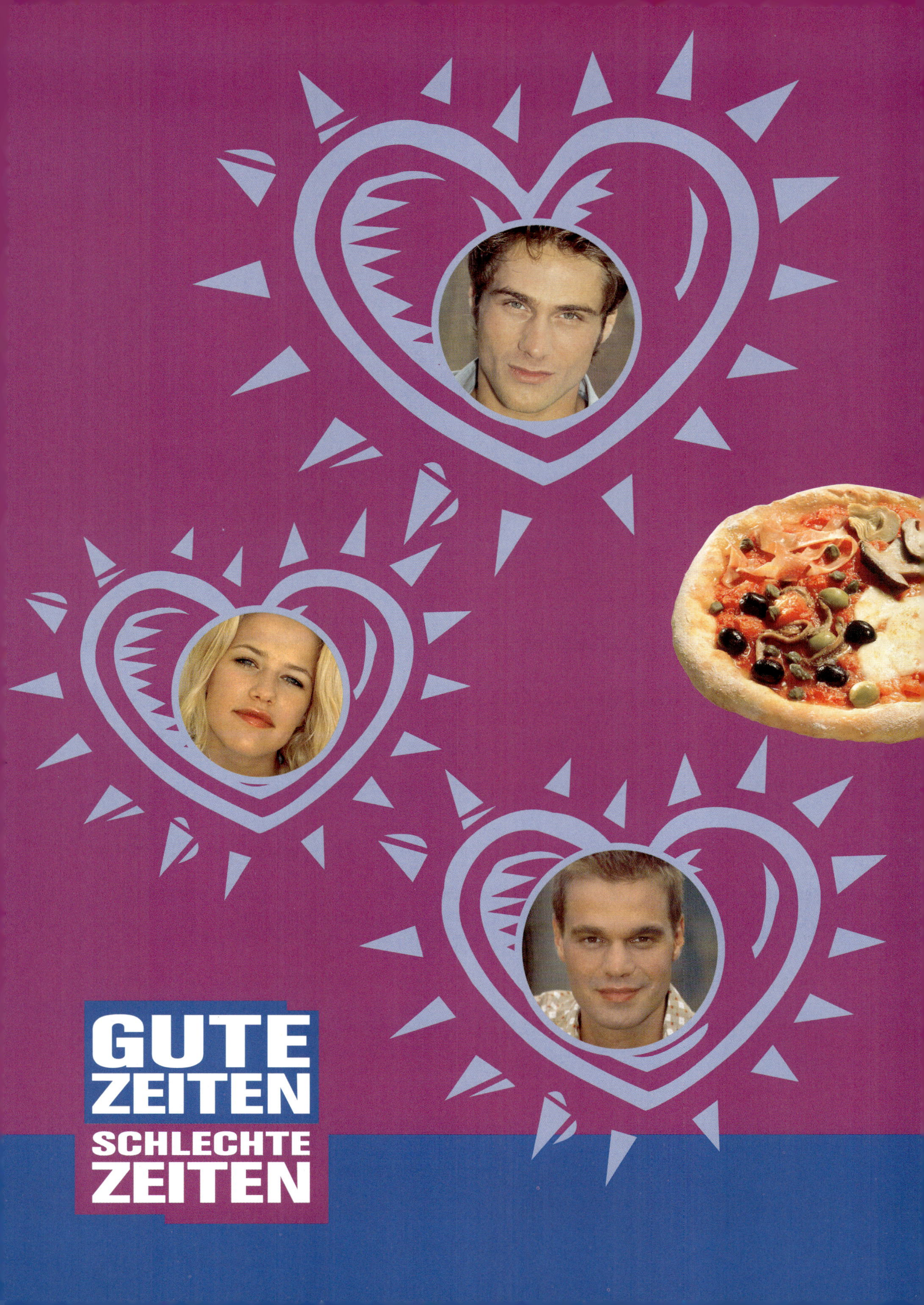
GUTE
ZEITEN
SCHLECHTE
ZEITEN

Erinnerst Du Dich noch? Am 11. Mai 1992 um 19.40 Uhr strahlte RTL erstmals „Gute Zeiten, schlechte Zeiten" aus. Anfangs wurde die Daily Soap ja noch belächelt. Mittlerweile ist GZSZ Kult und mit täglich bis zu sechs Millionen Zuschauern Deutschlands erfolgreichste TV-Serie.

„Gute Zeiten, schlechte Zeiten" trifft das Lebensgefühl der Kids. Es geht um Liebe und Eifersucht, Hoffnungen und Träume, kleine und große Katastrophen. Die Charaktere sind Leute wie Du und ich, Typen von nebenan, sie lieben und leiden wie im richtigen Leben. Findest Du nicht auch: In die Situationen, die Andy, Flo, Ricky, Nataly & Co. täglich meistern müssen, könnten wir selbst einmal kommen. Irgendwie zeigt uns GZSZ, wie man in speziellen Lebenssituationen reagieren kann. Insofern bietet die Serie auch ein Stück Lebenshilfe.

Das offizielle GZSZ-Star-Kochbuch will Dir ein echter Ratgeber sein. Du weißt ja: Essen hat etwas mit Wohl- und Miesfühlen zu tun. Liebe geht bekanntlich durch den

Magen, Leid aber auch. Das Buch liefert keine **Patentrezepte** zur Problemlösung, wohl aber solche, die helfen, schlechte Zeiten angenehmer zu überbrücken und gute Zeiten gebührend zu feiern.

Du hast Flugzeuge im Bauch? Du mußt eine Suppe auslöffeln, die Dir ein anderer eingebrockt hat? Dann schau doch einfach mal in der **Kummerküche** nach. Hier findest Du kalorienreiche Sattmacher wie Waffeln oder Mousse au chocolat. Sie geben Dir Power und bringen Dich wieder hoch wie die Nürnberger Würstchen, die Hans Christiani (A. R. Daniel) in die Pfanne legt, wenn's bei ihm mal nicht so läuft, wie es laufen sollte.

Du möchtest es Dir mit Deinem Freund oder Deiner Freundin an einem schmuddelig-kalten Regentag mal so richtig gemütlich machen? Die Kuschelküche liefert **Schmuse-Rezepte** für (frisch) Verliebte: Wie wär's mit rosaroten Häschennudeln oder verführerischen Reibekuchen – oder einem Blick in die Kuschelküche von Rhea Harder (Flo Spira) und Lisa Riecken (Elisabeth Meinhart).

Super-Cool und mega-angesagt sind Texmex-Gerichte: Ob Hamburger oder Chicken Wings, Nachos und Guacamole – nichts ist bei den GZSZ-Stars zur Zeit beliebter. Simone Hanselmann

Wußtet Ihr, daß ...

... in Siggis und Daniels Bar **375 Kilogramm** Nüsse, Chips und Flips geknabbert wurden?

... im Restaurant Allister und im Fasan bislang **420 Gerichte** auf den Tisch kamen?

... für Parties vor der Kamera **375 kalte Platten** angerichtet wurden?

... während der Dreharbeiten bis heute **6 Zentner** Süßigkeiten vernascht wurden?

(Anna Meisner) steht total auf Tacos und sagt, wie man sie am leckersten zubereitet. Auch Laurent Daniels (DJ Philip Krüger) hat seinen ganz persönlichen Küchen-Hit: Baked Potatoes mit Sourcream.

Rainer Meifert (Dr. Jan Wittenberg) schiebt sich zwar auch schon mal einen Hamburger rein. „Grundsätzlich esse ich aber gesund." Sieht man ihm auch an: kein Gramm Fett zuviel. Der Esso-Mann tankt vor allem bei einem gesunden Essen mit viel Grünzeug auf. Genau wie Raphael Vogt (Nico A. Weimershaus), der ebenfalls auf Öko-Food steht – paßt ja auch zu seiner Rolle. Man ist eben, wie man ißt.

Kochen macht am meisten Spaß im Team. Wer selbst in einer WG lebt, wird das bestätigen (... auch wenn's beim Thema Abwasch schon mal Stunk gibt). Es macht einfach Spaß, zusammen was Leckeres auszukochen.

Schmeckt's denn auch?

Das Kochen nach Rezepten ist nicht jedermanns Sache. Grundsätzlich gibt es zwei Lager: Während die eine Gruppe Rezepte sammelt, abschreibt, weitergibt und sich auch beim Zubereiten der Speisen akribisch an alle Angaben hält, kombiniert die andere frei aus dem Bauch und improvisiert beim Kochen fröhlich drauf los. Steckt man je einen Vertreter beider Gattungen gemeinsam in die Küche, gibt es Mord und Totschlag. „Anfänger" und „Feigling" sind da noch die harmloseren Beschimpfungen!

Wie macht man es denn nun richtig?

Ganz einfach: Wähle den Mittelweg! Wer

Big love?

Abkürzungen:
EL = Eßlöffel
TL = Teelöffel
gr. = groß
kl. = klein
g = Gramm
kg = Kilogram
ml = Milliliter
(1 Tasse = ca. 150 ml)

kochen lernen will oder gern mal etwas Neues ausprobiert, der sollte sich ruhig Anregungen und Tips aus Rezepten holen. Keiner weiß alles! Aber wenn mal eine Zutat oder ein Gerät fehlt, mußt Du nicht gleich die Flinte ins Korn werfen. So pingelig sind wir mit unseren Rezepten nämlich nicht! Außerdem sind alle Rezepte für Anfänger geeignet und mit relativ wenig Aufwand zu bewältigen.

Damit Du gleich weißt, wo's langgeht, haben wir außer der üblichen Zutatenliste eine Liste der Dinge angefügt, die Du zum Kochen brauchst. Daß jeder, der etwas kochen möchte, auf eine Küche, einen Herd, Teller und Besteck zurückgreifen kann, davon sind wir einfach mal ausgegangen. Aber einen Pürierstab oder einen Spritzbeutel hat vielleicht nicht jeder im Haus – und die Anzahl der benötigten Töpfe ist für den ein oder anderen Single-Haushalt sicher auch eine wichtige Information.

Im hinteren Teil des Buches findest Du Anregungen für Deine Küche. Welche Geräte zum Beispiel sinnvoll sind, welche Lebensmittel man zum Kochen möglichst zu Hause haben sollte und und und.

Viel Spaß in der Küche wünscht Euch das GZSZ-Team!

PREISWERTES FÜR 4-6 MITBEWOHNER

Cliquen-Rezepte

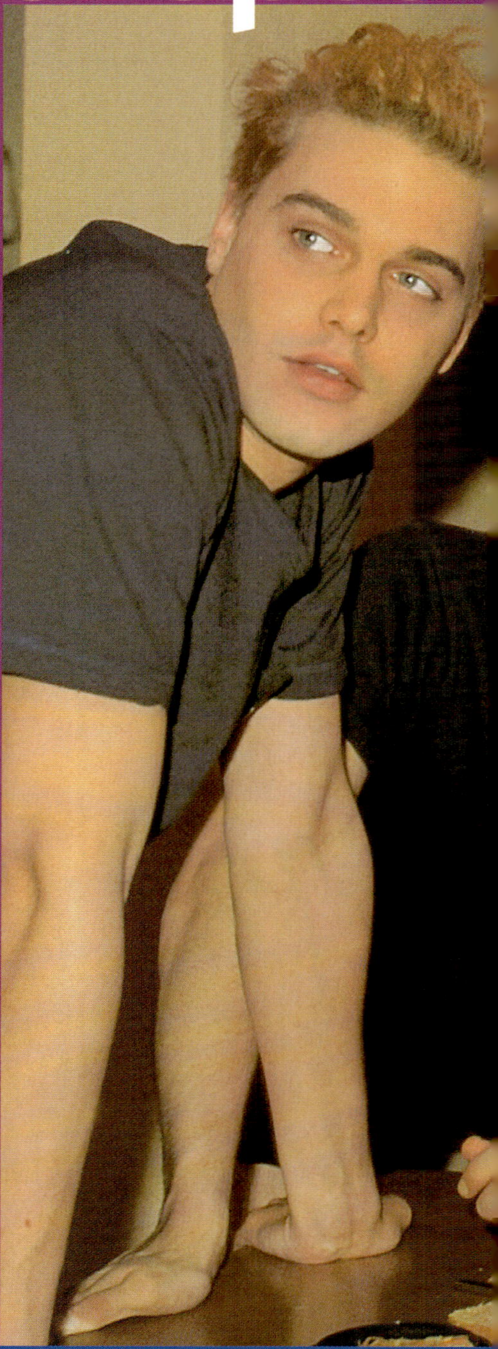

Nico, Ricky, Philip, Leon und Nataly können ein Lied davon singen: In einer WG ist oft Ebbe in der Haushaltskasse. Ein leckeres Gericht auf den Tisch zu zaubern, das satt macht und dazu noch preiswert ist – gerade das ist für Hobby-Köche eine besondere Herausforderung. Auf den nächsten Seiten sagen Euch die GZSZ-Stars, wie's geht.

GUTE ZEITEN SCHLECHTE ZEITEN

für 4-6

Das brauchst Du

- *6 dicke Möhren*
- *1 dicke Stange Lauch*
- *200 g Zucchini*
- *150 g Staudensellerie*
- *1 gr. Zwiebel*
- *6 Knoblauchzehen*
- *1 Fleischtomate*
- *2 mittelgroße Kartoffeln*
- *100 g Nudeln (kurze, dicke)*
- *3-4 EL Olivenöl*
- *3 EL Instantbrühe*
- *100-150 g Parmesan (am besten am Stück kaufen und dann selbst reiben)*
- *1 Zweig Thymian*
- *1 Bund Kerbel*
- *Salz, Pfeffer*

- *Großen Topf, Schöpfkelle, evtl. Käse- oder Parmesanreibe, scharfes Messer*

Minestrone

Die Minestrone ist eine Art Ursuppe für jede Gelegenheit, die Mamma unter den italienischen Rezeptklassikern sozusagen. Im Unterschied zu den meisten deutschen Suppen gilt sie nicht nur als Eins-A-Bauchfüller, sondern strotzt zudem noch vor Vitaminen.

So geht's

❶ Zugegeben, der Einkaufszettel hat's in sich. Laß Dich davon nicht beeindrucken, denn die Arbeit macht Dir garantiert auch Spaß. Zunächst mußt Du Möhren, Kartoffeln, Zwiebel und Knoblauch schälen, waschen und in fingerdicke Scheiben oder Würfel schneiden – den Knoblauch hacken. Zucchini, Staudensellerie und Lauch gründlich waschen und ebenfalls in Scheiben schneiden.

❷ Im Topf machst Du das Olivenöl heiß und gibst die Zwiebeln und den Knoblauch hinein. Öfter rühren, bis sie glasig – also durchsichtig – werden. Danach Möhren und Sellerie zugeben und unter Rühren 5 Minuten braten. Das restliche Gemüse dazugeben, 1 1/2 Liter Wasser mit 3 Eßlöffeln Instantbrühe verrühren, darüber gießen, zum Kochen bringen und 5 Minuten köcheln lassen. Dann die Nudeln dazu und das Ganze weitere 10 Minuten köcheln.

❸ In dieser Zeit überschüttest Du die Tomate mit heißem Wasser, danach läßt sich die Haut ganz leicht abziehen. Die gehäutete Tomate schneidest Du ebenfalls in Stücke. Die gewaschenen Kräuter hackst Du klein und gibst sie mit der Tomate zum Schluß in die Suppe. Bevor Du die Suppe servierst, streust Du noch den Parmesankäse darüber. Und dann ran an die Löffel!

TiP

Mach doch einfach die doppelte Menge. Was übrig bleibt, frierst Du ein.

Star-Rezept von

Alexander Schäfer

Alexander Schäfer ist Alex Hinze und ißt für sein Leben gern Blechpizza.

Nach dem Abi möchte ich auf die Schauspielschule, um den Beruf von der Pieke auf zu erlernen." Alexander weiß genau, was er will. Seit seinem dritten Lebensjahr lebt der am 27.1.1981 geborene Gymnasiast zusammen mit seiner Mutter und seinem Bruder Sebastian in Berlin. Durch einen Onkel, den Schauspieler Markus Majowski, kam er zum Casting für GZSZ. „Ich hatte ein Kribbeln im Bauch vor Aufregung, denn ich wollte die Rolle unbedingt haben", erinnert sich Alexander, der seit dem 23.10.1997 in GZSZ zu sehen ist. Er spielt Alex Hinze, den Stiefsohn von Frank Richter, den er bewundert. Alex ist ein großer Sportfan und träumt von einer Karriere als Basketballprofi.

Auch privat ist Alexander (Sternzeichen: Wassermann) leidenschaftlicher Basketballspieler. Er hat vor seiner Schauspielkarriere sogar in der Jugendmannschaft des Deutschen Meisters Alba gespielt. „Leider mußte ich den Sport aus Zeitgründen aufgeben." Ansonsten mag Alexander alles, was Kids wie Du und ich so mögen: Mädchen, Parties und Junk-Food.

Blechpizza

So geht's

❶ Aus der Teigmischung einen glatten Knetteig zubereiten. Die genaue Anleitung findest Du auf der Packung. Wenn Du kein Handrührgerät hast, knetest Du den Teig eben mit der Hand durch.

❷ Dann fettest Du das Backblech ein (etwas Öl darauf geben und mit Papier, z.B. Butterbrotpapier verreiben) und rollst den Teig darauf aus. Das geht mit einer sauberen, glatten Flasche am besten. Der Pizzateig reicht in der Regel für ein volles Blech oder zwei runde Pizzen, da kannst Du Dir die Form aussuchen.

❸ Jetzt zum Belag: Zunächst verteilst Du die passierten Tomaten gleichmäßig auf dem Pizzateig und streust etwas Oregano und Basilikum darüber. Am Ende kommt der Käse obendrauf. Was dazwischen liegt, ist reine Geschmackssache.

❹ Mit Fleisch und Fisch solltest Du zurückhaltend sein. Also: entweder Thunfisch oder Salami oder Schinken oder Krabben, aber nie alles zusammen! Tip: Teile die Pizza in Felder, die Du unterschiedlich belegst. Wenn Du dich für einen Belag entschieden hast, wäschst Du das entsprechende Gemüse und schneidest es klein. Schinken wird in Streifen geschnitten, Thunfisch zerpflückt, Salami, Krabben oder Muscheln bleiben, wie sie sind. Den geriebenen Käse darüber verteilen und die Pizza etwa 25 Minuten bei 200 Grad im Ofen backen. Heiß servieren!

Das brauchst Du für 4-6

(für ein Backblech)

- *1 Packung Pizzateig-Mischung (z.B. Dr. Oetker)*
- *1 Packung passierte Tomaten (500g)*
- *200 g geraspelten Käse (z.B. Gouda)*
- *4 EL Olivenöl*
- *Weitere Belagzutaten je nach Geschmack: z.B. Paprika, Champignons, Broccoli, Schinken, Salami, Oliven, Artischocken oder Krabben*
- *Oregano, Basilikum, Salz*

- *Backofen und Backblech, Handrührgerät mit Knethaken, etwas zum Ausrollen, z.B. eine (saubere) Bierflasche, scharfes Messer*

Super-Satt-Salat

Viele Jungs sind ja der Meinung, Salat sei nur etwas für Kaninchen und Mädchen. Sie können einfach nicht glauben, daß man von grünen Blättern satt wird. Aber wer sagt denn, daß ein Salat nur aus grünen Blättern bestehen muß? Der Super-Satt-Salat hat noch die hungrigste WG zum Platzen gebracht.

für 4-6

Das brauchst Du

- *5 mittelgroße Kartoffeln (möglichst festkochend)*
- *2 Mozzarella-Käse*
- *3 dicke Tomaten*
- *1 Salatgurke*
- *2-3 gelbe Paprika*
- *4-6 Eier*
- *ca. 12 dicke grüne Oliven*
- *1/2 Eisberg- oder Lattuga-Salat (kräftige Blätter)*
- *4 EL Olivenöl*
- *2 EL Essig (möglichst Balsamico)*
- *Salz, Pfeffer, evtl. frisches Basilikum oder andere Kräuter*

- *Topf, große Schüssel, scharfes Messer*

So geht's

❶ Die Kartoffeln waschen und als Pellkartoffeln kochen (Seite 126). Wenn sie gar sind (nicht zu weich kochen lassen), abschütten und mit kaltem Wasser abschrecken. Pellen und in große Würfel schneiden und abkühlen lassen.

❷ Eier hart kochen (etwa 10 Minuten), abschrecken, schälen und vierteln. Paprika entkernen. Tomaten, Gurke und Paprika waschen und würfeln.

❸ Salat waschen und in kleine Stücke schneiden oder rupfen. Dann den Mozzarella würfeln und mit den übrigen Zutaten in eine Salatschüssel geben.

❹ Einen Eßlöffel Essig dazugeben, zwei Teelöffel Salz und ordentlich Pfeffer. 4 Eßlöffel Olivenöl, einige Blätter Basilikum oder andere Kräuter und die Oliven hinzufügen, durchmischen – fertig. Mit warmem Baguette servieren.

Knackige Gemüseplatte

Auch ohne Fleisch tierisch lecker und total einfach zubereitet. Die spanische Spezialität macht garantiert alle satt und ist obendrein noch gesund.

So geht's

❶ Backofen auf 180 Grad vorheizen. Backblech mit 2-3 Eßlöffeln Olivenöl einfetten.

❷ Kartoffeln gründlich waschen, längs halbieren und mit der Schnittfläche nach unten auf das Backblech legen – ab in den Ofen.

❸ Zwiebeln schälen, halbieren und mit Balsamessig beträufeln. Etwa 15-20 Minuten nach den Kartoffeln in den Ofen geben (Schnittfläche nach unten).

❹ Paprika entkernen und wie die Auberginen waschen und in Streifen schneiden. Ca. 10 Minuten nach den Zwiebeln auf das Backblech legen und mit 1-2 Eßlöffeln Olivenöl beträufeln.

❺ Tomaten waschen, halbieren und die Stielenden entfernen. 10 Minuten nach den Paprika in den Ofen legen (Schnittfläche nach unten). Paprika und Auberginen wenden. Alles zusammen noch etwa 15-20 Minuten weitergaren.

❻ Das restliche Öl und den Saft einer halben Zitrone vermischen. Gemüse auf einer Platte anrichten und mit der Ölmischung beträufeln, salzen und pfeffern. Dazu schmeckt Baguette und Kräuterquark oder Crème fraîche mit frischen Kräutern zum Dippen.

für 4-6

Das brauchst Du

- *4 Kartoffeln*
- *4-6 Zwiebeln*
- *2-3 Paprika*
- *2 kleine Auberginen*
- *4 Fleischtomaten*
- *ca. 8 EL Olivenöl*
- *1/2 Zitrone*
- *1-2 EL Balsamessig*
- *Salz, Pfeffer*

- *Backofen, Backblech, große Platte, scharfes Messer*

Das brauchst Du (für 4-6)

- 1 1/2 kg Kartoffeln (möglichst große)
- 500 g Rinderhackfleisch
- 1 gr. Dose geschälte Tomaten
- 3-4 gr. Auberginen
- 2 dicke Zwiebeln
- 4-5 Knoblauchzehen
- 2 Becher Crème fraîche oder Schmand (ca. 400 g)
- 150 g geriebenen Käse
- 4 EL Öl
- 1 EL Instantbrühe
- Oregano
- Rosmarin
- Salz, Pfeffer

- Backofen, eine große oder zwei kleine Auflaufformen, Pfanne, Schüssel, scharfes Messer, evtl. Sparschäler

Moussaka

Weißgestrichene Häuschen, blaue See, eine frische Meerbrise, hm! Wenn Moussaka auf den Tisch kommt, fühlt man sich wie in Griechenland. Der Auflauf-Klassiker aus Hellas macht Cliquen Lust auf Meer.

TIP: Bedecke die Form für die ersten 40 Minuten mit Alufolie, damit der Käse nicht zu braun wird.

So geht's

❶ Die Kartoffeln schälen und in möglichst dünne Scheiben schneiden. Von den Dosentomaten die Stielansätze entfernen und den Saft abgießen. Den Blattkranz von den Auberginen entfernen. Die Auberginen waschen und in mitteldicke Scheiben schneiden. Zwiebeln und Knoblauch schälen und in dünne Scheiben schneiden.

❷ Öl in der Pfanne leicht erhitzen. Fleisch mit Pfeffer, Salz, Oregano und Rosmarin würzen, in kleinen Brocken in die Pfanne geben und leicht anbraten. Auberginen, Zwiebeln und Knoblauch mit ein wenig Öl dazugeben. Sobald alles leicht gebräunt ist, machst Du den Herd aus.

❸ Löse einen Eßlöffel Instantbrühe in einer Tasse kaltem Wasser auf und vermische die Flüssigkeit in einer Schüssel mit der Crème fraîche. Jetzt die rohen Kartoffelscheiben, das Gemüse und das Hackfleisch abwechselnd in die Auflaufform schichten. Dazwischen immer etwas würzen und mit einigen Löffeln von der Brühe-Mischung begießen. Zum Schluß geriebenen Käse darübergeben, und das Ganze ca. 60 Minuten bei 225 Grad im Backofen brutzeln lassen.

Remember Folge 1538: Nico, Philip, Andy und Fabian sitzen bei Cola und Chips zusammen. Sie reden über Ricky und Nataly, die ständig streiten. Wie kann man den beiden helfen?

Risibisi mit Ei

Risibisi ist ein Reisbrei mit Erbsen: sättigend und einfach zuzubereiten. Als Kind war die dampfende, grüngepunktete Masse für viele der Inbegriff von Glück, eine würzige, sämige Sauce dazu der Himmel auf Erden. Etwas modernisiert begeistert dieses Rezept zweifellos auch große Kinder.

für 4-6

Das brauchst Du

- *500 g Reis*
- *1 Päckchen Tiefkühlerbsen*
- *6 Eier*
- *3 Becher Sahne (ca. 600 g)*
- *2 EL Butter*
- *1 TL Instantbrühe*
- *Salz, Curry*

- *2 größere Töpfe*

So geht's

❶ Erst mal mußt Du die Eier hart kochen, dann schälen und vierteln.

❷ Jetzt kommt der Reis: Gib den Reis in einen größeren Topf und fülle ihn mit der doppelten Menge Wasser auf (also 1 Tasse Reis mit 2 Tassen Wasser), füge etwas Salz hinzu und bringe ihn zum Kochen. Dann auf kleiner Flamme köcheln lassen (ca. 20 Minuten), ab und zu umrühren.

❸ Die Sahne in einen anderen Topf gießen und langsam erhitzen. Je einen Teelöffel Instantbrühe und Curry dazugeben. Ein paar Minuten köcheln lassen.

❹ Der Reis ist gar, wenn kein Wasser mehr im Topf ist – Vorsicht, zum Schluß kann er deshalb leicht anbrennen. Nun kommen die Erbsen und die Butter hinzu. Umrühren, Deckel drauf, Herd ausschalten und stehen lassen.

❺ Jetzt nimmst Du auch die Sauce vom Herd und gibst vorsichtig die geviertelten Eier hinein. Auf die Teller kommt jeweils eine Portion Erbsenreis (Risibisi) und darüber die Sauce mit den Eiern.

Spaghetti mit Schinken-Pilze-und-mal-gucken-Sauce

In die Sauce kommt rein, was eben so im Kühlschrank ist! Denn dieses Rezept mußt Du – wie auch alle anderen Rezepte – nicht sklavisch genau umsetzen. Wenn Du Deine Vorräte aufbrauchen willst, ist es gar kein Problem, Zwiebeln statt Pilze zu nehmen, den Schinken wegzulassen oder andere Ideen einzubringen.

Das brauchst Du

für 4-6

- *1 bis 1,5 Packungen Spaghetti oder andere lange Nudeln (500-750 g)*
- *2 Becher Sahne (ca. 400 g)*
- *4-6 Scheiben gekochten Schinken*
- *6 mittelgroße frische Champignons (oder 1 gr. Dose)*
- *2 EL Butter*
- *3 Knoblauchzehen*
- *Salz, Pfeffer (möglichst weißen), evtl. Parmesankäse zum Bestreuen*

- *Großen und mittleren Topf, Sieb zum Abschütten der Nudeln, scharfes Messer*

So geht's

❶ Zunächst pellst Du den Knoblauch. Wenn Du frische Pilze nimmst: Stielenden abschneiden, Pilze waschen, mit Küchenkrepp trocknen und in dünne Scheiben schneiden. (Pilze aus der Dose werden erst zum Schluß in der Sauce erhitzt!) Butter mit Knoblauch (ganz) und Pilzen in einen mittelgroßen Topf geben und bei mittlerer Hitze hellbraun anrösten. Dann gibst Du die Sahne dazu, läßt sie einmal aufkochen und stellst auf schwache Hitze.

❷ Einen großen Topf füllst Du zu 2/3 mit Wasser, bringst es zum Kochen und gibst einen Eßlöffel Salz hinein. Dann kommen die Nudeln rein. Kochzeit siehe Packungsangabe.

❸ Der Schinken wird in kleine Streifen geschnitten und erst ganz zum Schluß in die Sahnesauce gegeben, damit er nur kurz erhitzt wird. Falls Du Dosenpilze hast: In Scheiben schneiden und ebenfalls in die Sauce geben. Mit Salz und Pfeffer würzen.

❹ Die Nudeln abschütten und mit der Sauce servieren. Wer mag, streut Parmesankäse drüber.

Star-Rezept von

Raphael Schneider

Raphael Schneider ist Andreas „Andy" Lehmann und ißt gerne Sauerbraten.

Schon während der Schulzeit war Raphael Statist am Dortmunder Stadttheater. Kurz vor dem Abi schmiß er die Schule und ging an die „Stage School of Music, Dance and Drama" in Hamburg. „Ich finanzierte die Ausbildung mit Jobs als Kellner und Laufbursche." 1993 machte Raphael sein Diplom als Musical-Darsteller. Vor seiner GZSZ-Karriere spielte er Theater (u.a. am „Theater des Westens"). Nach dem erfolgreichen Casting für GZSZ verabschiedete er sich von der Bühne.

Raphael spielt seit dem 27.1.1995 (Folge 667) in GZSZ die Rolle des Andreas „Andy" Lehmann, ein ebenso gutmütiger wie verletzlicher Macho, der immer mit dem Kopf durch die Wand will. Das Motorrad ist sein ganzer Stolz. Seine große Liebe ist Flo Spira. Als sie schwanger wird, macht er ihr einen Heiratsantrag – die beiden heiraten im Berliner Dom.

Privat trifft sich Raphael gerne mit Freunden oder geht mit seinem Hund spazieren. Eines seiner Lieblingshobbies ist Singen. 1997 gründete er mit zwei Freunden die Band „Privat Life". „So wichtig mir der Job auch ist – ich würde ihn eher aufgeben als meine Familie und meine Freunde ..."

Sauerbraten

(Das Original-Rezept von Raphaels Mutter)

Das brauchst Du *für 4-6*

- *1-1,5 kg Rindfleisch*
- *2 mittelgroße Zwiebeln*
- *2 1/2 Tassen Kräuteressig*
- *1 Beutel Sauerbratengewürz*

- *1 EL Öl*
- *1/2 Tasse Rosinen*
- *Saucenbinder (Mondamin)*
- *1 Handvoll geraspelte Mandeln*
- *Salz, Pfeffer*

- *großen Topf oder Bräter, 2 kleinere Töpfe, Sieb*

- *1 gr. Glas Rotkohl*
- *1 Packung Klöße im Kochbeutel*
- *1 Glas Apfelmus*

So geht's

❶ Zunächst mußt Du für die Essigbeize 4 Tassen Wasser in einem Topf mit 2 1/2 Tassen Kräuteressig und einem Beutel Sauerbratengewürz aufkochen. Herd ausschalten. Fleisch in eine Porzellanschüssel legen. Zwiebeln schälen, in Ringe schneiden, auf das Fleisch legen und die Beize darübergießen. Zugedeckt 4 Tage kühl stellen, zwischendurch wenden.

❷ Das Fleisch aus der Beize nehmen und abtrocknen. Einen Eßlöffel Öl im Bräter erhitzen und das Fleisch darin rundum anbraten. Nach und nach die Hälfte der durchgesiebten Essigbeize, die eingelegten Zwiebeln sowie 1/2 Tasse Rosinen (rheinische Art) dazugeben. Alles etwa 1 1/2 Stunden schmoren lassen.

❸ In der Zeit bereitest Du die Beilagen vor: Rotkohl aus dem Glas muß nur noch im Topf erwärmt werden (evtl. mit Salz und Pfeffer abschmecken), Klöße werden im Kochbeutel nach Packungsanleitung zubereitet. Wer mag, reicht auch noch Apfelmus dazu.

❹ Das Fleisch aus dem Topf nehmen und in Scheiben schneiden. Die Sauce mit Salz und Pfeffer abschmecken, eventuell mit Saucenbinder andicken und den Mandeln garnieren. Die Bratenscheiben in die Sauce geben, damit sie heiß bleiben. Mit den Beilagen servieren.

Tip

Wem das Einlegen zu aufwendig ist, kann auch Fleisch mit Beize beim Metzger kaufen. Zwiebeln, Essig und Sauerbratengewürz kaufst Du dann nicht.

Pasta alla bolognese

Ein Berg Nudeln und Hackfleischsauce obendrauf. Der Pasta-Klassiker aus Bella Italia ist besonders bei Sportlern beliebt. Auch im Babelsberger GZSZ-Studio ist Pasta alla bolognese der Kantinen-Knüller. Deshalb solltest Du lieber eine große Menge kochen.

für 4-6

Das brauchst Du

- *500 g Hackfleisch (halb Schwein, halb Rind)*
- *1 - 1,5 Pakete Spaghetti oder Maccheroni (500-750 g)*
- *1 gr. Dose geschälte Tomaten*
- *1 Möhre*
- *1 Stange Staudensellerie*
- *1 Zwiebel*
- *2 Knoblauchzehen*
- *3 EL Olivenöl*
- *Salz, Pfeffer, evtl. Parmesankäse*

- *Großen und mittleren Topf, Sieb zum Abschütten der Nudeln, scharfes Messer*

So geht's

❶ Als erstes machst Du die Sauce: Zwiebel schälen und ganz fein würfeln, Möhre schälen, in kleine Stückchen schneiden, Staudensellerie waschen und ebenfalls in kleine Stückchen schneiden. Knoblauch pellen und halbieren.

❷ Alles zusammen mit 3 Eßlöffeln Olivenöl in einen mittelgroßen Topf geben. Bei mittlerer Hitze leicht andünsten.

❸ Dann die Hitze erhöhen, das Hackfleisch dazugeben und mit einer Gabel gut durchrühren. Salzen (mindestens einen Teelöffel) und pfeffern. Jetzt gibst Du die Tomaten dazu, netterweise entfernst Du vorher allerdings die Strünke. Auf kleiner Hitze köcheln lassen, zwischendurch umrühren.

❹ Das Wasser für die Nudeln sollte nun aufgesetzt werden. Wenn es kocht, gibst Du einen Eßlöffel Salz und die Nudeln dazu und kochst sie so lange, wie auf der Packung angegeben ist. Wenn die Nudeln gar sind, schüttest Du sie ab und servierst sie mit der Hackfleisch-Sauce. Wer mag, nimmt Parmesan dazu.

Bratäpfel

Was gibt es Schöneres im Winter, als mit Freunden bei einem leckeren Essen zusammenzusitzen? Vielleicht den köstlichen Duft gebratener Äpfel dazu und die gemütliche Wärme, die aus dem Backofen kommt ...

Das brauchst Du *für 4-6*

- *4-6 große, säuerliche Äpfel (am besten Boskop)*
- *100 g Marzipanrohmasse*
- *75 g gehackte Mandeln*
- *50 g Rosinen*
- *Flüssigen Honig*

- *Backofen mit Backblech, Alufolie, Kerngehäuse-Ausstecher, scharfes Messer*

So geht's

❶ Die Äpfel waschen, das obere Ende mit Stielansatz abschneiden und beiseite legen (das wird der „Deckel"), das Kerngehäuse ausstechen.

❷ Die Marzipanrohmasse mit Mandeln und Rosinen vermischen und mit 2-3 Eßlöffeln Honig abschmecken.

❸ Die Masse mußt Du vorsichtig (damit sie nicht gleich unten wieder herausläuft) in die Äpfel füllen. Dazu wickelst Du am besten den Apfel an der Unterseite in etwas Alufolie ein. Obenauf setzt Du den Apfel-Deckel und gibst alles auf das Backblech. Bei 220 Grad im Backofen ca. 30 Minuten auf der mittleren Schiene brutzeln lassen.

Tip

Bratäpfel schmecken noch besser, wenn Du Schlagsahne, Vanilleeis oder -sauce dazu servierst oder einen kleinen Schuß Rum drübergießt.

Zwiebelhähnchen

Diese mild-würzige Komplettmahlzeit spricht alle Köche an, die sich vor Rezepten mit mehreren Töpfen fürchten: Hier kommt alles zusammen in eine Form, und den Rest übernimmt der Backofen. Zeit zum Aufräumen, Duschen, Schminken, CDs sortieren, GZSZ gucken ...

für 4-6

Das brauchst Du

- *4-6 Hähnchenbrustfilets*
- *6 große Kartoffeln*
- *3 Becher Sahne (ca. 600 g)*
- *2 Päckchen Zwiebelsuppe*

- *Backofen, Auflaufform, scharfes Messer*

So geht's

❶ Die Kartoffeln schälen, waschen, in dünne Scheiben schneiden und in die Auflaufform legen.

❷ Falls vorhanden, die unansehnlichen Teile (Fett, Knorpel, Sehnen) von der Hähnchenbrust entfernen. Die Filets in je 4 bis 6 Stücke schneiden und in die Auflaufform auf die Kartoffelscheiben legen.

❸ Zwiebelsuppenpulver mit der Sahne verrühren und über das Fleisch gießen. Anschließend gibst Du das Ganze für 50-60 Minuten bei ca. 200 Grad in den Backofen. Falls Deine Auflaufform keinen Deckel hat, solltest Du die Form mit Alufolie abdecken. Die letzten 15 Minten ohne Deckel bzw. Folie garen. Dann nur noch herausnehmen und essen.

TIP

Der Zwiebelsuppentrick funktioniert auch ohne Hähnchen: Wenn Du nur Kartoffeln nimmst, kannst Du ein schönes Gratin, z.B. als Beilage für ein Fleischgericht, machen.

Vegetarische

FLEISCHLOSE REZEPTE FÜR 2 PERSONEN

GUTE ZEITEN SCHLECHTE ZEITEN

Küche

Fleischlose Küche ist überall total angesagt. Auch bei Andy und Flo, die beim Ausflug ins Blaue immer den Picknick-Korb (mit Obst und Gemüse) parat haben – man könnte ja mal ein idyllisches Plätzchen (siehe Foto) finden ...
Auch privat essen die meisten GZSZ-Stars gesund, schließlich müssen Sie fit sein für die harten Dreharbeiten.

Star-Rezept von

Rainer Meifert

Rainer Meifert ist Dr. Jan Wittenberg und ißt für sein Leben gern gesund.

Rainer Meifert ist ein gefragtes Model und den meisten als „der Mann aus der Esso-Werbung" bekannt. Der gelernte Kaufmann (geb. am 27.6.1967 in Kellinghusen) liebt Musik und hatte früher sogar eine eigene Band („Extremity"). Er assistierte bei verschiedenen Fotografen und nahm ab 1994 professionellen Schauspielunterricht. Vor der Kamera war er bislang u.a. in „Alle lieben Julia" und vielen TV-Shows zu sehen. Rainer wohnt in Berlin (WG), wo seine GZSZ-Karriere begann.

Seit September 1998 kennen wir Rainer als den sympathischen Stationsarzt Dr. Jan Wittenberg, der sich einfühlsam um seine Patienten kümmert – z. B. Sonja Wiebe und Andy Lehmann.

Rainer Meiferts größtes Hobby ist Fußball. Er spielt gerne Badminton, und manchmal stürzt er sich am Fallschirm in die Tiefe. Sein Traum: ein silberner Ferrari. Rainer ist Single und ißt neben gesunden Salaten auch schon mal einen Burger.

Lauchsalat mit Schafskäse

Das brauchst Du *für 2*

- *3 Stangen Lauch*
- *200 g Kirschtomaten*
- *150 g Schafskäse*
- *1 Zitrone*
- *3 EL Olivenöl*
- *1 kl. Knoblauchzehe*
- *Salz, Pfeffer*

- *Mittleren Topf, Sieb, große Schüssel, Knoblauchpresse, scharfes Messer*

So geht's

❶ Vom Lauch die dunkelgrünen und harten äußeren Teile entfernen, oben kreuzweise einschneiden und gründlich waschen. Dann schneidest Du den Lauch in mundgerechte Stücke. Einen Topf halbvoll mit Wasser füllen, leicht salzen, zum Kochen bringen und den Lauch zugeben. Ca. 5 Minuten kochen, in ein Sieb gießen und mit kaltem Wasser abspülen.

❷ Die Kirschtomaten werden gewaschen und halbiert.

❸ Jetzt schneidest Du den Schafskäse in Würfel.

❹ Für das Dressing verrührst Du den Saft einer Zitrone mit etwas Salz und Pfeffer. Dann zerdrückst Du die Knoblauchzehe und gibst sie dazu. Zum Schluß rührst Du das Öl ein.

❺ Jetzt gibst Du den Lauch, die Tomaten und den Schafskäse in eine Schüssel und gießt die Marinade darüber. Alles gut durchmischen. Schmeckt am besten zu geröstetem Weißbrot und einem trockenen Weißwein.

Grünkern-Bratlinge

Ja, richtig gehört: „Grünkern", nicht „Grünkohl" und „Bratlinge", nicht „Bratwurst". Kannst Du Dir wenig drunter vorstellen? Macht nichts, schmeckt trotzdem gut. Die Dinger sehen aus wie Frikadellen, schmecken sogar ein bißchen so – sind aber viel gesünder.

für 2

Das brauchst Du

- *200 g Grünkerngrieß (Reformhaus oder Bioladen)*
- *2 TL Instantbrühe*
- *1 Zwiebel*
- *2 Eier*
- *200 g geriebenen Käse*
- *1 EL Öl*
- *1 Bund Petersilie*
- *Salz, Pfeffer, Majoran*

- *Größeren Topf, Pfanne, scharfes Messer*

So geht's

❶ Zunächst mußt Du einen halben Liter Wasser in einem Topf zum Kochen bringen und 2 Teelöffel Instantbrühe einrühren. Anschließend den Grünkerngrieß einrühren. Etwa 5 Minuten quellen lassen, d. h. Herd ausschalten und den Topf runternehmen, zwischendurch ein paarmal umrühren.

❷ Unterdessen wäschst Du die Petersilie und hackst sie so klein wie's geht. Dann schälst Du die Zwiebel, schneidest sie in kleine Würfel und gibst diese mit der Petersilie zur Grünkernmasse.

❸ Die Eier in einer Tasse mit einer Gabel zusammen mit einer Prise Pfeffer und einem knappen Teelöffel Majoran verquirlen und ebenfalls zur Grünkernmasse geben. Die sollte mittlerweile abgekühlt sein. Jetzt noch den geriebenen Käse dazu und alles gut durchkneten (erst mit einer Gabel, dann am besten mit den Händen).

❹ Jetzt kannst Du aus dem fertigen Grünkernteig kleine Frikadellen formen und sie in der Pfanne (evtl. noch etwas Öl hineingeben) goldbraun braten.

TiP

Als Beilage schmeckt dazu ein knackiger grüner oder gemischter Salat besonders gut.

für 2

Das brauchst Du
- *1 gr. Dose Kichererbsen*
- *1 Zitrone*
- *4 EL Olivenöl*
- *2 EL Pinienkerne*
- *2 Knoblauchzehen*
- *Salz, Pfeffer*

- *Küchenmaschine oder Pürierstab, kleine Pfanne*

Kichererbsenpüree

Die orientalische Küche (die feinste ist übrigens die libanesische) kennt viele dieser köstlichen Pürees, die meist als Vorspeise mit arabischem Brot gegessen werden. Das Kichererbsenpüree, auch „Hommos" genannt, kann man pur essen oder auch zu Bällchen geformt fritieren. Das nennt man dann „Falafel".

So geht's

❶ Die Kichererbsen-Dose öffnen, Flüssigkeit weggießen und Erbsen mit heißem Wasser überspülen.

❷ Mit gepelltem Knoblauch, 4 Eßlöffeln Olivenöl, dem Saft einer Zitrone, einem halben Teelöffel Salz und einer Prise Pfeffer in eine Schüssel geben und entweder mit dem Pürierstab (gut) oder mit der Küchenmaschine (besser) pürieren. Das Ergebnis sollte eine glatte, sandfarbene Masse mit pikantem, leicht nussigem Geschmack sein.

❸ Die Pinienkerne werden in einer Pfanne ohne Öl bei schwacher bis mittlerer Hitze goldbraun geröstet. (Achtung, da passiert erst gar nichts, und dann sind die Pinienkerne ruckzuck verbrannt!)

❹ Kichererbsenpüree mit gerösteten Pinienkernen bestreuen, mit ein paar Tropfen Olivenöl beträufeln und servieren – am besten mit arabischem oder türkischem Fladenbrot.

Tip

Zum Verfeinern 3 Eßlöffel Tahin (Sesampaste, gibt es in türkischen Läden) unter die Masse rühren.

Super-Fitneß-Pita

Wer sich fleischlos ernähren möchte, braucht auf seinen Döner nicht zu verzichten. Allerdings: Unser Rezept ist rein vegetarisch. Laß davon ruhig mal einen überzeugten Fleischesser kosten – wetten, er merkt es nicht?!

So geht's

❶ Möhren schälen und fein reiben. Mit Haferflocken, Ei, Quark, zerdrückter Knoblauchzehe und Tomatenmark vermengen und mit Salz und einem halben Teelöffel Chilipulver kräftig würzen.
15 Minuten stehenlassen, dann kleine Bällchen aus der Masse formen. Etwas Öl in einer Pfanne erhitzen und die Bällchen braten.

❷ Unterdessen den Stielansatz und die Kerne der Paprika entfernen, Paprika waschen und in feine Streifen schneiden. Joghurt mit Zitrone und etwas Salz verrühren.

❸ Pitabrote aufschneiden und je ein paar Paprikastreifen, zwei bis drei Gemüsebällchen und Joghurtsauce hineingeben, zum Schluß mit Kresse bestreuen.

Das brauchst Du

für 2

- *4 Pitabrote (dünnes türkisches Fladenbrot)*
- *4 Möhren*
- *3 EL Haferflocken*
- *2 EL Quark*
- *1 Ei*
- *1 TL Tomatenmark*
- *1 Becher Joghurt (ca. 200 g)*
- *1 gelbe Paprika*
- *1 EL Zitronensaft*
- *1 Knoblauchzehe*
- *1 EL Öl*
- *1 Päckchen Kresse*
- *Salz, Pfeffer, Chili*

- *Pfanne, Reibe, scharfes Messer, Knoblauchpresse*

Aua! Jo Gerner (Wolfgang Bahro) beißt in Folge 937 aus Versehen auf eine Chilischote und versucht, den Brand mit Mineralwasser zu löschen.

Caprese

So nennt man in Italien die Zusammenstellung von Tomaten, Mozzarella-Käse und Basilikum. Sieht aus wie die italienische Flagge, ist total easy zuzubereiten und schmeckt unschlagbar frisch. Auch für ein Party-Buffet ist Caprese bestens geeignet.

Tip

Für den italienischen Abend besorgst Du Servietten in Rot, Weiß, Grün und eine CD von Jovanotti. Im Kapitel „Schlemmerküche" gibt's noch mehr Italo-Rezepte.

für 2

Das brauchst Du

- *500 g Tomaten*
- *1-2 Mozzarella-Käse*
- *2-3 EL Olivenöl*
- *1 Bund Basilikum*
- *1 Ciabatta-Brot*
- *Salz, Pfeffer aus der Mühle*

- *Flache Schüssel, Messer mit Säge (Tomatenmesser)*

So geht's

❶ Die Tomaten in Scheiben schneiden und auf einem großen Teller oder einer Platte verteilen. Danach salzen und pfeffern. Anschließend verteilst Du das Öl gleichmäßig über die Tomatenscheiben.

❷ Den Mozzarella-Käse ebenfalls in Scheiben schneiden und obenauf geben. Basilikumblättchen waschen, trockentupfen und auf den Mozzarella legen. Als Brot servierst Du stilecht Ciabatta (vom Bäcker oder aus dem Supermarkt zum Aufbacken) dazu.

Star-Rezept von

Raphael Vogt

Raphael Vogt ist Nico A. Weimershaus und ißt für sein Leben gern asiatisch.

Raphael schnupperte schon als kleines Kind Filmluft. Bereits mit vier Jahren spielte er eine winzige Rolle in der „Blechtrommel". Auch im „Eisernen Gustav" durfte der Knirps ein paar Sätze sprechen. Es folgten Auftritte in diversen Fernsehproduktionen wie z. B. „Hatschi" und „Montagsmaler". Dann kam Raphael zu GZSZ, wo er seit März 1996 als Nico A. Weimershaus eine große Rolle spielt. Der sympathische Nico studiert Chemie, Biologie und Philosophie. Er ist sehr intelligent, lebt umweltbewußt, hat einen ausgeprägten Gerechtigkeitssinn und stellt an

sich und seine Mitmenschen hohe moralische Ansprüche. Manchmal ist er aber auch ziemlich unbeherrscht und stur. Zusammen mit seiner Freundin Chrissie sowie Jörg und Nataly zieht er in eine WG. Größter Schock ist der gewaltsame Tod der über alles geliebten Chrissie.

Privat hört Raphael (geb. am 20.1.1976) gerne Musik, geht ab und zu ins Fitneßstudio und „leidenschaftlich gerne" ins Kino. Er liebt die Natur: In seiner Freizeit tollt er mindestens einmal am Tag mit seinem Hund durch die Wälder der Hauptstadt. „Am wichtigsten sind mir Familie und Freunde, die durch meinen Beruf leider zu kurz kommen. Um so mehr genieße ich es, in netter Runde zusammenzusitzen. Am liebsten bei einem leckeren – und gesunden – Essen."

Vegetarischer Wok-Topf

für 4

Das brauchst Du

- *400 g Reis, am besten Basmati*
- *2 Paprika*
- *2 kl. Zucchini*
- *5 Möhren*
- *4 gr. Champignons oder 100 g Austernpilze*
- *1 Bund Frühlingszwiebeln*
- *100 g Cashewnüsse*
- *1 Beutel Sojasprossen*
- *2 EL Öl (evtl. Sesamöl)*
- *1 kl. Flasche Sojasauce*
- *1 Glas Sambal Oelek (chinesischer Scharfmacher)*

- *Wok (große, tiefe Pfanne), scharfes Messer, Eßstäbchen (nicht unbedingt nötig, aber witzig), Topf für den Reis*

❶ So geht's

Die meiste Arbeit macht hier die Schnibbelei. Alles muß gewaschen (Paprika, Zucchini, Frühlingszwiebeln, Pilze, Sojasprossen), bzw. geschält (Möhren) und in möglichst gleich kleine Stücke geschnitten werden.

❷ Der Reis wird nach Packungsanleitung (kommt nämlich darauf an, welchen Reis Du gekauft hast) gekocht und warmgestellt. Sehr effektvoll: Topf mit Deckel in ein Handtuch wickeln und ins Bett unter die Decke stopfen.

❸ Dann wird der Wok angeschmissen – entweder auf dem Herd, oder Du hast ein komplettes Tischset mit Rechaud. Zuerst kommt etwas Öl rein, dann eine Handvoll Möhren. Nach ca. 2 Minuten die Nüsse, dann die Paprika, dann die Pilze, dann die Frühlingszwiebeln, dann die Zucchini und zum Schluß die Sojasprossen. Zwischendurch immer etwas garen lassen. Was gar zu sein scheint, wird an den Rand geschoben.

❹ Wenn alles durch, aber noch knackig ist, nimmt sich jeder etwas Reis und Gemüse und würzt es selbst mit Sojasauce und Sambal Oelek. Wenn Ihr viele seid, müßt Ihr die Mengen der Zutaten natürlich entsprechend erhöhen. Und: Brutzelt am besten nicht alles auf einmal, sondern macht zwei oder drei Wok-Ladungen hintereinander.

Tomaten-Pilz-Lasagne

Jeder weiß, daß der italienische Klassiker Lasagne mit Hackfleisch zubereitet wird. Die wenigsten wissen jedoch, daß die vegetarische Version mindestens genauso lecker ist. Dieses Rezept reicht übrigens locker für vier Leute. Die Lasagne eignet sich aber auch prima zum Aufwärmen.

für 2-4

Das brauchst Du

- *1 gr. Dose geschälte Tomaten*
- *8-10 Champignons (ca. 250 g)*
- *1-2 Mozzarella-Käse*
- *200 g vorgekochte Lasagneblätter*
- *250 ml Sahne*
- *1 Ei*
- *150 g Parmesan-Käse, am besten frisch gerieben*
- *150 ml trockenen Weißwein (ersatzweise 1 TL Instant-Brühe in 150 ml Wasser auflösen)*
- *1 Bund Basilikum*
- *etwas Öl zum Einfetten der Form*
- *Salz, Pfeffer, Muskat*

- *Schüssel, scharfes Messer, Auflaufform, Backofen*

So geht's

❶ Die Dosentomaten abschütten, den Stielansatz entfernen und die Tomaten in Scheiben schneiden. Den Mozzarella würfeln, Basilikum waschen und die Blätter in feine Streifen schneiden. Von den Champignons die Stielenden entfernen, die Pilze waschen und mit Küchenkrepp trockentupfen. Ebenfalls in Scheiben schneiden.

❷ Sahne mit Ei und Weißwein (oder Brühe) verquirlen (geht am besten mit einer Gabel), mit je einem halben Teelöffel Salz und Pfeffer und einer kräftigen Prise Muskat würzen. 100 g geriebenen Parmesan unterrühren. Den Backofen auf 200 Grad vorheizen.

❸ Jetzt wird geschichtet: Die Auflaufform mit dem Öl einfetten und den Boden mit Lasagneplatten belegen. Darauf kommt eine Schicht Tomaten, Pilze, Mozzarella und Basilikum und etwas Sauce. Dann wieder Lasagneplatten und erneut Gemüse und Käse mit etwas Sauce einschichten. Mit Lasagneplatten bedecken und das Ganze mit einer Schicht Gemüse und Käse abschließen. Den Rest Sauce und den restlichen Parmesan großzügig darüber verteilen. Im Backofen bei 200 Grad ca. 40 Minuten backen.

Blumenkohl „einfach"

Lecker, gesund und schnell zubereitet.

für 2

Das brauchst Du

- *1 Blumenkohl*
- *100 g Butter*
- *3 EL Paniermehl*
- *Salz, Pfeffer*

- *Schüssel, Topf, Pfanne*

So geht's

❶ Den Blumenkohl putzen und waschen. Das heißt, das Unansehnliche vom Strunk und dunkle Stellen entfernen. Den ganzen Kopf wasserbedeckt in einen Topf geben und mit einem Eßlöffel Salz und einer kräftigen Prise Pfeffer auf hoher Stufe zum kochen bringen. Auf mittlere Stufe herunterschalten, wenn das Wasser kocht. Der Blumenkohl braucht zum garen ca. 20-25 Minuten.

❷ Währenddessen läßt du die Butter in einer kleinen Pfanne zergehen, gießt sie dann in eine Tasse und hältst sie warm. In die gleiche Pfanne gibst Du nun das Paniermehl und verteiltst es. Wenn der Rand etwas bräunlich wird, mußt Du sogleich mit einer Gabel alles umrühren, jetzt geht es schnell. Das Paniermehl ständig rühren, damit es nicht schwarz wird. Die Pfanne von der Herdplatte nehmen und nun das Blumenkohlwasser abgiessen und den Kopf in eine Schüssel geben. Darüber kommt die warme Butter und darauf das Paniermehl. Wer will, kann noch Kartoffeln dazu kochen. Die müssen dann aber fünf Minuten vor dem Blumenkohl aufgesetzt werden.

Broccoli auf Hafer

Hört sich richtig öko an, nicht wahr? Aber keine Bange, mit Haferschleim und Diätküche hat das nichts zu tun. Im Gegenteil: Hafer ist knackig und würzig – mit Knoblauch, Curry und gerösteten Mandeln allemal.

Das brauchst Du

für 2

- *Broccoli (ca. 300 g)*
- *1 Becher Sahne (ca. 200 g)*
- *300 g Haferkörner (Reis geht notfalls auch)*
- *2 EL Butter*
- *2 EL Mandelblätter*
- *2 Knoblauchzehen*
- *Salz, Curry, evtl. Saucenbinder*

- *3 Töpfe, Messer, Sieb*

So geht's

❶ Einen Topf zu 2/3 mit Wasser füllen, eine Messerspitze Salz und die Haferkörner dazugeben. Etwa 25 Minuten kochen lassen.

❷ Währenddessen entfernst Du den Broccoli-Strunk. Die Röschen waschen und in mundgerechte Stücke schneiden. Einen weiteren Topf etwa zur Hälfte mit Wasser füllen, etwas Salz dazu geben und zum Kochen bringen. Dann den Broccoli hineingeben. In etwa 10-15 Minuten ist er gar, aber noch schön bißfest.

❸ Während Körner und Broccoli kochen, die Butter in einem (kleinen) Topf erhitzen und 2 Eßlöffel Mandelblätter darin goldbraun rösten. Die Mandeln rausnehmen und beiseite legen und den gepellten und in Scheiben geschnittenen Knoblauch in die noch heiße Butter geben. Etwas anbräunen, dann die Sahne dazugießen, salzen und einen Teelöffel (oder mehr) Curry einrühren. Ein paar Minuten köcheln lassen. Wer die Sauce lieber dicker mag, kann ein wenig Saucenbinder einrühren. Den Broccoli und die Körner durch ein Sieb abgießen.

❹ Auf dem Teller werden die Leckereien folgendermaßen arrangiert: erst die Körner, dann der Broccoli, darauf die Sauce und darüber werden die Mandelblätter gestreut.

Möhrensalat mit Apfel

Ein heißer Sommertag, die Sonne hat den ganzen Tag gebrannt. Du hast Lust auf etwas Leichtes: Schnapp Dir eine Möhre und einen Apfel, und nach ein bißchen Schnibbelei hast Du ein supergesundes Sonnengericht (auch 'ne tolle Vorspeise).

Das brauchst Du

für 2

- *300 g Möhren*
- *2 mittelgroße Äpfel (säuerliche)*
- *2 Becher Joghurt (ca. 400 g)*
- *1/2 Zitrone*
- *2 EL Öl*
- *1 EL Honig*
- *1 Bund Petersilie*
- *Salz, Pfeffer*

- *Schüssel, Reibe, scharfes Messer*

So geht's

❶ Möhren schälen, waschen, grob raspeln und mit Zitronensaft beträufeln. Äpfel schälen, vierteln, entkernen und ebenfalls raspeln. Mit den Möhren vermengen.

❷ Eine Marinade aus 2 Bechern Joghurt, 2 Eßlöffeln Öl, einem Eßlöffel Honig, einem halben Teelöffel Salz und einer Prise Pfeffer anrühren und mit der Apfel-Möhren-Mischung vermengen.

❸ Petersilie waschen, kleinschneiden und zum Salat geben. Schmeckt köstlich frisch!

In Folge 1536 ist Nico mal wieder eifersüchtig. Diesmal auf Helge. Obwohl Cora das nicht versteht, versucht sie, Nico mit einer leckeren Wassermelone zu versöhnen. Doch Cora sucht vergeblich nach einem Lächeln auf Nicos Lippen. Er bleibt stur und schneidet die Melone ziemlich lustlos an.

Sturkopf

Libanesischer Petersiliensalat

„Tabouleh" wird dieser Petersilien-Tomatensalat im Libanon genannt, ein aus einfachen Zutaten raffiniert hergestelltes Gericht – wie übrigens viele in der libanesischen Küche. Hier solltest Du wirklich alles genauso machen, wie's im Rezept steht!

So geht's

❶ Die Zwiebeln schälen und fein hacken. Mit einer Messerspitze Salz und einer Prise Pfeffer vermengen. Die Knoblauchzehe pellen, zerkleinern und auf die Zwiebeln geben. Tomaten waschen und möglichst fein würfeln. Dazu schneidest Du sie zunächst quer in dünne Scheiben und diese dann in Würfel. Dann gibst Du sie in eine Schüssel.

❷ Die Petersilienblätter waschen und superfein hacken. Hier gibt es einen Trick: Am besten zupfst Du die Blätter von den Stielen, bündelst sie zu kleinen Sträußen und schneidest das Sträußchen von unten (Stielende) in möglichst schmale Streifen.

❸ Die Peperoni entkernen, waschen, kleinschneiden und mit der Petersilie zu den Tomaten geben. Die Zwiebelmischung hinzufügen, den Saft einer Zitrone, evtl. eine Messerspitze Minze, dann alles gut durchrühren. Zum Schluß das Olivenöl dazugeben – noch einmal durchrühren, dann den Weizengries darüberstreuen. 15 Minuten stehenlassen.

❹ In der Zwischenzeit das Brot anwärmen. Mit dem Salat servieren.

für 2

Das brauchst Du

- *4 Tomaten*
- *2 Zwiebeln*
- *1-2 gr. Bund glatte Petersilie*
- *1 grüne Peperoni (nicht zu scharf)*
- *1 Knoblauchzehe*
- *1 Zitrone*
- *2 EL Weizengries (oder Couscous)*
- *2 EL Olivenöl*
- *Arabisches oder türkisches Fladenbrot als Beilage*
- *evtl. etwas getrocknete Minze*
- *Salz, Pfeffer*

- *Schüssel, scharfes Messer, Tomatenmesser, Küchenpapier*

Texmex

SCHARFE SACHEN FÜR 2 PERSONEN

GUTE ZEITEN SCHLECHTE ZEITEN

Caramba! Texmex boomt! Mit der genialen Wortschöpfung werden Leckereien aus Mexiko und Texas unter einen Sombrero gebracht. Tacos, Nachos & Co. werden an allen Ecken und Enden gefuttert. Auch die US-Küche ist bei uns „eingeburgert". Aber wußtet Ihr, daß Fast Food noch leckerer ist, wenn man's selbst macht? Ist zwar nicht so „fast" (man muß z.B. die Potatoes schon mal selbst schälen, wie Helge auf dem Foto) dafür schmeckt es viel besser.

Star-Rezept von

Simone Hanselmann

Simone Hanselmann ist Anna Meisner und ißt gern mexikanisch.

Simones Karriere begann als Model. Nachdem die rothaarige Schönheit beim Wettbewerb „Gesicht 97" ins Finale kam, erhielt sie erste Angebote. Simone verließ die Schule und machte Aufnahmen für Kosmetikfirmen, aber auch für Modemagazine.

In GZSZ (seit 6.1.1998) spielt Simone das Fotomodell Anna Meisner. Diese ist grundehrlich und auch sehr umweltbewußt („Models gegen Pelze"). Nach Anfangsschwierigkeiten freundet sie sich mit Flo Spira an. Was nur wenige wissen: Anna leidet an Bulimie.

Privat lebt Simone (geb. am 6.12.1979) in Berlin. „Die Schauspielerei macht mir enorm viel Spaß."

Tacos mit Hackfleisch und roten Bohnen

So geht's

❶ Du halbierst die Paprikaschote, entfernst die Kerne, wäschst sie und schneidest sie in kleine Würfel. Dann schälst Du die Zwiebel und schneidest sie in Würfel. Du dünstest beides mit einem Eßlöffel Öl in einem Topf und gibst nach etwa 3 Minuten das Hackfleisch hinzu. Ca. 5 Minuten scharf anbraten, dann die Dose Tomaten dazugeben. Vorher sollten die Stielansätze der Tomaten entfernt werden. Füge einen knappen Teelöffel Salz und eine Messerspitze Pfeffer hinzu sowie – wenn Du hast – eine Messerspitze Koriander. Mais und Bohnen abgießen, hinzugeben und alles ca. 10 Minuten lang bei mittlerer Hitze garen. Zwischendurch gut umrühren.

❷ Den Salat waschen, trocknen und kleinschneiden.

❸ Dann heizt Du den Ofen vor (ca. 200 Grad) und bereitest die Taco-Shells vor, wie es auf der Packung steht. Meistens müssen sie ein paar Minuten im Ofen erhitzt werden.

❹ Du füllst das Hackfleisch, den geriebenen Käse und den Salat in die Tacos – fertig.

Das brauchst Du

für 2

- *1 Packung Taco-Shells (Spezialitätenregal im Supermarkt)*
- *200 g Rinderhackfleisch*
- *1 grüne Paprika*
- *4 Blätter Eisbergsalat*
- *1 Zwiebel*
- *1 kl. Dose Tomaten (geschält)*
- *1 kl. Dose Kidneybohnen*
- *1 kl. Dose Mais*
- *100 g geriebenen Cheddar-Käse (Käsetheke im Supermarkt)*
- *1 El Öl*
- *evtl. Korianderpulver*
- *Salz, Pfeffer*

- *Topf oder größere Pfanne, scharfes Messer, Backofen*

Scharfe Chicken Wings

Schon der Anblick läßt einem das Wasser im Mund zusammenlaufen! Man braucht zwar viele Gewürze, aber es ist trotzdem einfach zuzubereiten. Da Hähnchenflügel meistens ziemlich preiswert sind, machst Du am besten gleich eine große Menge – an Abnehmern wird's Dir kaum mangeln.

So geht's

❶ Zuerst wäschst Du die Hähnchenflügel und entfernst dabei eventuelle Federreste.

❷ Dann vermischst Du alle flüssigen Zutaten in einer Schüssel miteinander und gibst den gepellten und zerdrückten Knoblauch dazu. Ingwer schälen, raspeln und einen Eßlöffel hinzugeben.

❸ Die Hähnchenflügel in die Marinade geben. Am besten ist es, wenn das Fleisch jetzt ein paar Stunden in dem Sud mariniert. Im Sommer grillst Du die Wings draußen, im Winter heizt Du den Backofen auf 250 Grad vor (am besten auf „Grillen" stellen).

❹ Die Hähnchen aus der Marinade nehmen: einige in 3 Eßlöffeln Sesamkörnern wälzen, andere mit der Chilisauce bestreichen, dann auf den Grillrost legen und ein Backblech mit etwas Wasser darunterschieben. Damit verhinderst Du, daß die Marinade auf den heißen Ofen tropft und anbrennt. Ca. 1/2 Stunde lang goldbraun grillen. Zwischendurch wenden und immer wieder mal etwas Marinade über die Hähnchenflügel streichen. Köstlich mit Baguette oder Baked Potatoes (Seite 39).

Das brauchst Du

für 2

- *500 g Hähnchenflügel*
- *3 EL flüssigen Honig*
- *3 EL Weinessig*
- *5 EL Sojasauce*
- *1 EL Sesamöl*
- *3-4 EL Chilisauce*
- *5 Knoblauchzehen*
- *1 kleine Ingwerknolle*
- *Sesamkörner*

- *Schüssel, scharfes Messer, Reibe, Grill oder Backofen*

Nina Bott und Laurent Daniels verstehen sich auch privat sehr gut. „Laurent ist nicht nur ein guter Kumpel, er kann auch kochen. Umwerfend gut sind seine Baked Potatoes", schwärmt Nina.

Ranchers Pfanne

Der Rancher hat Hunger, yeah! Wenn ein richtiger Mann von richtiger Männerarbeit heimkommt, will er ein richtiges Männeressen haben: heiß, deftig, würzig – und so viel, daß sein Cowgirl auch noch locker davon satt wird.

für 2

Das brauchst Du

- *200 g festkochende Kartoffeln*
- *100 g tiefgekühlte grüne Bohnen*
- *1 kl. Dose rote Bohnen*
- *1 kl. Dose Mais*
- *1 rote Paprika*
- *1 gelbe Paprika*
- *1 gr. Zwiebel*
- *150 g durchwachsenen Speck*
- *4 Eier*
- *Salz, Pfeffer*

- *Große Pfanne (möglichst beschichtet), evtl. 1 kleine Pfanne, scharfes Messer*

So geht's

❶ Die Kunst bei diesem Gericht ist, alles knusprig gar zu bekommen, ohne daß es anbrennt. Das geht mit einer beschichteten Pfanne am besten. Hast Du keine, nimmst Du am besten gekochte Kartoffeln, die Du zum Schluß hinzufügst.

❷ Ansonsten beginnst Du mit den Kartoffeln: schälen, waschen und in dünne Scheiben schneiden. Paprika entkernen waschen und in Streifen schneiden, Zwiebeln schälen und in Würfel schneiden. Speck ebenfalls würfeln.

❸ Jetzt den Speck in die heiße Pfanne geben und ein wenig brutzeln lassen. Dann gibst Du die Kartoffeln dazu, nach ein paar Minuten die grünen Bohnen (können noch gefroren sein), kurz danach die Paprika und danach die Zwiebel. Jetzt läßt Du das Ganze bei mittlerer bis hoher Hitze garen. Dabei mußt Du immer wieder umrühren, damit nichts anbrennt.

❹ Nach ca. 10 Minuten die Dosen mit roten Bohnen und dem Mais öffnen, Flüssigkeit weggießen. Bohnen und Mais in die Pfanne geben und umrühren. Jetzt salzen und kräftig pfeffern.

❺ Wenn Du eine zweite Pfanne hast, brätst Du darin 4 Spiegeleier und legst sie dann auf die Ranchers Pfanne. Wenn nicht, mußt Du das Kartoffelgemüse in eine Schüssel geben, warm stellen und in der (gesäuberten) Pfanne die Spiegeleier zubereiten. Das schmeckt, Cowboy!

Star-Rezept von

Laurent Daniels

Laurent Daniels ist Philip Krüger und ißt gern Potatoes.

Ich wollte schon immer Schauspieler werden." Laurent Daniels wußte früh, wo's langgehen sollte. Er spielte bereits am Schultheater und arbeitete nebenbei als Kleindarsteller und Requisiteur am Mainzer Stadttheater. Nach dem Abi studierte Laurent in Salzburg Bühnen- und Kostümbild. Danach wirkte er erst als Ausstatter, später als Schauspieler an diversen deutschsprachigen Bühnen. 1995 moderierte er bei Viva 2 die tägliche Sendung „Haushaltshilfe". Laurent stand für etliche Fernsehserien vor der Kamera („Verbotene Liebe", „Stadtklinik", „Unter uns", „SK-Babies" u. a.). Seit dem 9. April 1997 (Folge 1205) ist er bei GZSZ.

Laurent spielt den schwulen Discjockey Philip Krüger. Der verliebt sich bei einer Techno-Party in Fabian Moreno. Die beiden ziehen zusammen, trennen sich aber, nachdem Philip untreu wird. Philip ist direkt und schlagfertig, aber auch ziemlich chaotisch.

Privat ist Laurent (geb. am 31.3.1965) ein Multitalent. Er malt, schreibt Drehbücher, dreht Kurzfilme (für „Ein Tag des Hundes" erhielt er sogar einen Filmpreis) – und hat neben der Schauspielerei eine weitere große Leidenschaft: die Musik. Laurent singt leidenschaftlich gerne und schreibt auch eigene Songs. Seine aktuelle CD ist der Renner. „Was sonst noch kommt? Mal sehen. Ich habe den Kopf voller Ideen."

Baked Potatoes mit Sourcream

Das brauchst Du *für 2*

- *4 große Kartoffeln, am besten eine mehligkochende Sorte*
- *2 Becher Crème fraîche oder Schmand (400 g)*
- *1 TL Zitronensaft*
- *frische Kräuter (z. B. Petersilie oder Schnittlauch)*
- *Salz, Pfeffer*

- *Alufolie, Backofen, Schüssel*

So geht's

❶ Backofen auf 200 Grad vorheizen. Kartoffeln waschen und einzeln in Alufolie wickeln. Auf ein Backblech oder Grillrost legen und ca. 90 Minuten garen. Schneller geht es, wenn Du die Kartoffeln in kaltem Wasser aufsetzt, kurz aufkochst und dann ca. 45 Minuten im Ofen garst.

❷ Aus Crème fraîche oder Schmand, Zitrone, Salz und Pfeffer die Sourcream bereiten.

❸ Die gegarten Kartoffeln schneidest Du oben kreuzweise ein, gibst einen dicken Klacks Sourcream darüber und dekorierst das Ganze mit feingehackten Kräutern. Evtl. noch mal 2 Minuten im Ofen überbacken. Wer als Beilage noch was Deftiges braucht: Spareribs (S. 40) schmecken super dazu!

Spareribs

Spareribs kommen im GZSZ-Team besonders oft auf den Tisch. Vor allem nach dem Dreh greift man auf das US-Kultgericht zurück. Spareribs – ein Actiongericht zum Anfassen.

Das brauchst Du

für 2

- *1 kg Schweinerippchen (beim Metzger in Stücke von höchstens sechs Rippchen schneiden lassen)*
- *1 Dose Ananas in Stücken*
- *2 Knoblauchzehen*
- *5 EL Sojasauce*
- *2 EL Honig*
- *2 EL Sherry*
- *2 EL Essig*
- *2 EL Öl*
- *3 EL Zucker*
- *Pfeffer, Barbecue-Gewürzmischung (oder Chili, Thymian, Piment, Koriander, Rosmarin)*

- *Scharfes Messer, Knoblauchpresse, Backofen*

So geht's

❶ Die Rippchen mit einem scharfen Messer diagonal ein paarmal einschneiden und mit Zucker einreiben.

❷ Ananas (ohne Saft), Sojasauce, Honig, Sherry, Essig, geschälten und zerdrückten Knoblauch, einen Teelöffel Pfeffer, 2 Eßlöffel Zucker und einen Teelöffel der Gewürzmischung (oder je zwei Prisen Chilipulver, Piment, Koriander, Rosmarin und Thymian) in einer großen Schüssel zu einer Marinade verrühren. Die Rippchen hineinlegen und mindestens zwei Stunden lang ziehen lassen, besser einen halben Tag.

❸ Am leckersten ist es natürlich, die Rippchen stilecht auf einem Holzkohlegrill zuzubereiten. Da den erstens nicht jeder hat und zweitens meistens das Wetter nicht mitspielt, geht das auch im Backofen. Dazu heizt Du den Ofen auf 220 Grad vor und bestreichst den Bratrost mit etwas Öl. Das Fleisch läßt Du abtropfen und legst es dann auf den Rost. Den schiebst Du auf die mittlere Schiene und darunter, damit es keine Sauerei gibt, ein Backblech mit etwas Wasser – die Rippchen tropfen beim Garen nämlich ein bißchen. Ofen auf 170 Grad runterdrehen.

❹ Alle 10 Minuten wendest Du die Rippchen und bestreichst sie erneut mit der Marinade.

❺ Nach ca. 30 Minuten sind sie knusprig und gar. Wer mag, erwärmt die restliche Marinade mit der Ananas und serviert sie als Sauce. Dazu reichst Du Brot oder Baked Potatoes (S. 39).

Guacamole mit Nachos

Wer schon mal mexikanisch essen war, kennt diese extrem leckere Kombination: angewärmte Tortilla-Chips mit einem exotisch-grünen Avocado-Dip. Ob als Vorspeise oder als kleiner Snack, die Original-Guacamole ist leicht gemacht – und die Chips dazu gibt's fertig aus der Tüte.

TIP

Mexiko-Deko! Etwas Sand (sauber: Vogelsand) auf den Tisch streuen, kleine Kakteen hineinstellen, dazu Servietten in Rot und Gelb – fertig.

für 2

Das brauchst Du

- *2 reife Avocados*
- *1-2 Tüten Tortilla-Chips (Nachos)*
- *1 Tomate*
- *1 kl. Zwiebel*
- *3 EL Zitronensaft*
- *1 Knoblauchzehe*
- *2 EL Olivenöl*
- *Salz, Pfeffer*

- *Kleine Schüssel, Backofen, scharfes Messer, Knoblauchpresse*

So geht's

❶ Avocados halbieren, Kern entfernen und das Fruchtfleisch auslöffeln. Mit einer Gabel und ca. 3 Eßlöffeln Zitronensaft zerdrücken.

❷ Die Tomate am Stielende einritzen, mit heißem Wasser übergießen, abschälen, den Stielansatz entfernen und die Tomate in kleine Würfel schneiden. Die Zwiebel ebenfalls schälen und würfeln. Tomate, Zwiebel, 2 Eßlöffel Olivenöl, eine geschälte und zerdrückte Knoblauchzehe, etwa 1/2 Teelöffel Salz und eine Prise Pfeffer mit den zerdrückten Avocados gut vermischen.

❸ Die Nachos werden kurz im Backofen erwärmt und dann mit der fertigen Guacamole serviert.

Amerikanischer Spinatsalat

Wer glaubt, Spinat sei vor dem Kochen ein grüner Eiswürfel und danach ein grüner Brei, braucht nicht weiterzulesen. Wer Spinat frisch und knackig mag, schon!

So geht's

❶ Die Spinatmengen sehen zunächst so aus, als wolltest Du eine Fußballmannschaft bekochen. Das täuscht. Schneide den Spinat in mundgerechte Stücke (entferne dabei die langen Stiele und dicken Blattadern), lege sie in ein Sieb und übergieße sie mit kochendem Wasser. Damit wird der Spinat sauber und etwas weicher, d. h. er sackt ein bißchen zusammen. Laß ihn gut abtropfen und gib ihn dann in eine Schüssel.

❷ Den Speck in Würfel schneiden und in einer Pfanne rösten. Die Cashewkerne etwas zerstoßen (in ein Handtuch wickeln und mit einem schweren Gegenstand draufhauen), zum Speck in die Pfanne geben und 1-2 Minuten mitrösten. Dann über den Spinat verteilen.

❸ Den Saft einer halben Zitrone mit Senf, Salz, Pfeffer und Öl verrühren und über den Salat geben. Umrühren und sofort essen, da der Spinat sonst labbrig wird. Dazu schmeckt Weißbrot.

für 2

Das brauchst Du

- *500 g frischen Spinat*
- *200 g durchwachsenen Räucherspeck*
- *2 EL Cashewkerne*
- *1/2 Zitrone*
- *2 EL Öl*
- *1 Messerspitze Senf*
- *Salz, Pfeffer*

- *Großes Sieb, Schüssel, Pfanne, scharfes Messer*

Cheeseburger

Burger King hin, McDonalds her – am besten schmeckt ein Burger, wenn Du auch weißt, was wirklich drin ist. Und die Ausrede: „Es soll doch schnell gehen!" zählt nicht. Die Zubereitung dauert höchstens zwanzig Minuten.

So geht's

❶ Erst den Salat waschen. Die Tomate ebenfalls waschen und (quer) in dünne Scheiben schneiden.

❷ Jetzt bereitest Du das Fleisch zu. Du vermischst das Tatar mit dem rohen Ei und gibst ordentlich Salz und Pfeffer dazu. Danach formst Du zwei flache Frikadellen.

❸ Du erhitzt die Pfanne mit etwas Öl und gibst die Frikadellen hinein. Von beiden Seiten ca. 3 Minuten brutzeln. Nun nimmst Du die Pfanne vom Herd und legst auf jede Frikadelle eine Scheibe Käse (er schmilzt so ein bißchen an).

❹ Du schneidest die Brötchen auf (evtl. auf dem Toaster kurz anwärmen) und belegst sie: Auf die untere Hälfte je ein Salatblatt, darauf eine Frikadelle, darauf 1-2 Tomatenscheiben, darauf die Mayonnaise und einen kleinen Klacks Ketchup. Mit der oberen Brötchenhälfte bedecken und schnell servieren!

Das brauchst Du

für 2

- *200 g Tatar (Rinderhack)*
- *1 Ei*
- *1 Tomate*
- *2-4 Salatblätter*
- *2 Scheiben Käse (z. B. Chester)*
- *2 weiche Sesambrötchen*
- *1 EL Öl*
- *Ketchup*
- *Mayonnaise*
- *Salz, Pfeffer*

- *Pfanne, scharfes Messer, evtl. Toaster*

Perfekte Pommes

Zugegeben, bei McDonalds sind sie lecker, die Pommes-Bude um die Ecke macht sie vielleicht noch besser, und die McCain Backofen-Frites sind auch nicht zu verachten. Aber es ist noch eine Steigerung möglich: selbstgemachte Fritten!

Das brauchst Du

für 2

- *6 große Kartoffeln*
- *300 g Palmin*
- *Salz*

- *Friteuse oder Topf mit Sieb, scharfes Messer, Küchenpapier*

So geht's

❶ Zunächst werden die Karfoffeln gewaschen und geschält. Sie sollten eine möglichst ebene, längliche Form haben, damit daraus schöne, gleich große Fritten werden können. Dafür schneidest Du die Kartoffeln zunächst längs in rund 1 cm hohe Scheiben und diese dann in ca. 1 cm dicke Stifte.

❷ Nun erhitzt Du entweder das Palmin in der Friteuse (siehe Anweisung dort) und backst die Pommes in dem heißen Fett ca. 4 Minuten goldgelb aus. Oder Du füllst einen Topf zu 2/3 mit Palmin, erhitzt es, gibst die Kartoffelstäbchen mit einem Sieb hinein und holst sie ebenfalls nach ca. 4 Minuten wieder raus.
Bei der Topf-Version mußt Du gut aufpassen, es wird alles höllisch heiß.

❸ Die fertigen Pommes läßt Du auf 2-3 Lagen ausgebreitetem Küchenpapier kurz abtropfen. Dann salzt Du sie und servierst sie schnell, damit sie noch heiß sind. Was Dir dazu schmeckt, weißt Du selbst am besten!

Chili con carne

Ein mexikanischer Klassiker, der immer angesagt ist – ob als Mitternachtsfitmacher, als Kraftspender für die möbelschleppenden Umzugshelfer oder für ausgedehnte Fußballabende. Und beim Würzen gilt wie für alle scharfen Sachen: Nur Mut!

für 2

Das brauchst Du

- *300 g Rinderhackfleisch*
- *2 rote Paprika*
- *2 Zwiebeln*
- *1 gr. Dose Kidneybohnen*
- *1 kl. Dose Tomaten (geschält)*
- *2 EL Tomatenmark*
- *2 TL Instantbrühe*
- *1 rote Chilischote*
- *4 Knoblauchzehen*
- *2 El Öl*
- *1 EL scharfes Paprikapulver*
- *Tabasco*
- *Salz, Pfeffer*

- *Größeren Topf oder große Pfanne, scharfes Messer*

So geht's

❶ Zunächst einmal schälst Du die Zwiebeln und schneidest sie in Würfel. Paprika halbieren, entkernen, waschen und in feine Streifen schneiden. Dann gibst Du beides zusammen mit dem Hackfleisch und den gepellten und zerkleinerten Knoblauchzehen in einen Topf oder eine große Pfanne, in der Du 2 Eßlöffel Öl erhitzt hast. Ca. 5 Minuten braten. Je eine Prise Salz und Pfeffer dazu, das Ganze öfters umrühren.

❷ Du entkernst und wäschst die Chilischote und schneidest sie klein. In den Topf geben, einen Eßlöffel Paprikapulver und Tomatenmark hinzufügen. Jetzt die Stielansätze der Tomaten entfernen und die Tomaten mit dem Saft dazugeben. Dann gießt Du eine große Tasse Wasser und 2 Eßlöffel Instantbrühe zum Fleisch. Wenn Du das Chili fester magst, gibst Du weniger, wenn Du es flüssiger magst, mehr Wasser hinzu. Zum Schluß kommen noch die Bohnen (mit Flüssigkeit) in den Topf.

❸ Das Ganze muß etwa 20 Minuten lang bei niedriger Hitze garen. Vor dem Servieren probierst Du noch mal, ob eventuell noch Salz fehlt. Tabasco stellst Du mit auf den Tisch, so daß jeder selbst über die Feurigkeit seines Chili bestimmen kann. Dazu schmecken Nachos besonders gut, Baguette geht aber auch.

TiP

Sollte etwas Chili übrigbleiben – kein Problem: Am nächsten Tag ist alles gut durchgezogen und noch leckerer!

Cayenne-Hähnchen

Okay, Hähnchen gibt's in der Pommesbude, und Aufläufe sind was für Schlaffis. Nicht in Amerika! Hot and spicy lautet die Formel, und Kentucky schreit – na, lassen wir das ...

Das brauchst Du

für 2

- *4 Hähnchenschenkel*
- *1 kl. Dose geschälte Tomaten*
- *1 kl. Staudensellerie*
- *8-10 Knoblauchzehen*
- *3 EL Öl*
- *1 EL Butter*
- *1 Zitrone (unbehandelt)*
- *1 EL Rotwein*
- *Oregano*
- *Cayennepfeffer*
- *Salz*

- *Auflaufform, Alufolie, scharfes Messer, Backofen*

So geht's

❶ Die Auflaufform mit etwas Öl einfetten, die Hähnchenschenkel werden mit Salz eingerieben und in die Form gelegt. Vom Staudensellerie schneidest Du 3-4 Stangen ab und schneidest diese in ca. 4 cm lange Stücke. Die Knoblauchzehen schälen und über die Hähnchenschenkel verteilen. Die Stielansätze der Tomaten entfernen, Tomaten achteln und ebenfalls über die Hähnchenschenkel geben.

❷ Zitrone waschen und hauchdünne Scheiben von der Schale in die Auflaufform schneiden. Wein, den Saft der Zitrone, 2 Eßlöffel Öl, etwas Oregano, 1-2 Messerspitzen Cayennepfeffer und einen halben Teelöffel Salz in einer Tasse oder Schüssel verrühren und über die Hähnchen und das Gemüse gießen.

❸ Mit Alufolie abdecken und im Backofen bei 175 Grad etwa 45 Minuten garen lassen, dann Folie abnehmen, Hähnchen noch mal dünn mit Cayennepfeffer bestäuben und bei 225 Grad weitere 15 Minuten bräunen.

Auch A. R. Daniel und Flo Spira mögen gerne scharfe Sachen, z.B. Cayenne-Hähnchen.

Kuschelrezepte

NATÜRLICH FÜR 2 PERSONEN

Kerzenlicht, schöne Musik und ein liebevoll gedeckter Tisch. Ein romantisches Abendessen zu zweit ist das Salz in der Suppe einer Partnerschaft. Man ist sich ganz nah, kann über Pläne und Träume plaudern, flirten und einfach verliebt sein. Irgendwann rückt man die Stühle und kuschelt sich aneinander – wie Andy und Flo auf dem Foto.

GUTE ZEITEN SCHLECHTE ZEITEN

Star-Rezept von

Lisa Riecken

Lisa Riecken ist Elisabeth Meinhart und ißt gerne Spaghetti.

Elisabeth Riecken ist gelernte Einzelhandelskauffrau. Doch die trockene Büroarbeit war nichts für die lebhafte Hamburgerin. Die Bühnen der Welt bedeuteten ihr mehr als Import und Export – sie sattelte um, studierte Schauspiel und Gesang an der Hochschule der Künste in Berlin und jobbte nebenbei als Stewardeß. Erste Bühnenerfahrungen sammelte Lisa Riecken am Theater in Hof. Dann folgten TV-Rollen („Praxis Bülowbogen", „Der Landarzt", „Zwei Halbe sind noch lange kein Ganzes").

In GZSZ („Die Serie veränderte einiges in meinem Leben") ist Lisa Riecken seit dem ersten Drehtag dabei. Sie spielt die souveräne und hilfsbereite Lehrerin Elisabeth Meinhart, die den Jugendlichen als selbstlose Freundin und einfühlsame Vertraute zur Seite steht. Wegen einer Drogengeschichte (in die sie unschuldig verwickelt wird) verliert sie ihre Stelle als Schuldirektorin. Doch das Hausfrauendasein ist ihr zu langweilig. Sie findet eine neue Stelle und stürzt sich wieder in die Arbeit. Elisabeth ist mit A. R. Daniel verheiratet. Sie lieben sich sehr, es gibt aber auch Probleme, etwa wenn sich einer ihrer Schüler Hals über Kopf in Elisabeth verliebt.

Privat findet Lisa Riecken in der Einsamkeit norwegischer Wälder Erholung. Sie segelt gern und liebt gutes italienisches Essen. „Ich nutze die wenige Zeit, die mir mein Beruf läßt, sehr intensiv. Ich lade mir gerne Freunde ein, für die ich dann koche."

Spaghetti aglio-olio

Das brauchst Du *für 2*

- *250 g Spaghetti*
- *2 dicke Knoblauchzehen*
- *1 kl. rote Peperoni*
- *4 EL Olivenöl*
- *Salz, evtl. etwas geriebenen Parmesan*

- *Größeren Topf, Pfanne, Sieb zum Abschütten der Nudeln, Messer*

So geht's

❶ Einen Topf Wasser zum Kochen bringen, 1 Eßlöffel Salz und dann die Spaghetti zugeben. Kochzeit siehe Packungsangabe, die Nudeln sollten noch bißfest sein.

❷ Währenddessen Knoblauchzehen pellen, Peperoni entkernen, waschen und alles kleinschneiden. In einer Pfanne das Olivenöl erhitzen, Knoblauch und Peperoni darin bei schwacher Hitze rösten. Nicht anbrennen lassen!

❸ Die fertigen Spaghetti in ein Sieb geben, kurz abtropfen lassen und in die Pfanne geben. Alles gut durchrühren, damit sich die Knoblauch-Öl-Sauce gut mit den Nudeln vermischt. Zum Schluß auf die – möglichst vorgewärmten – Teller verteilen und mit einem Glas Wein genießen.

Crespelle mit Nüssen

Crespelle sind feine, italienische Crêpes, die mit einer Sauce bestrichen und im Ofen überbacken werden. Eine Köstlichkeit, die weniger Arbeit macht, als es scheint. Aus hungrigen Löwen werden im Handumdrehen satte Kätzchen ...

für 2

Das brauchst Du

- *3 Eier*
- *200 ml Milch*
- *4 EL Mehl*
- *1 Becher Sahne (ca. 200 g)*
- *3 EL Butter oder Margarine*
- *1/2 Zitrone*
- *3 EL geriebenen Käse*
- *eine Handvoll Walnüsse oder Haselnüsse*
- *Salz, Pfeffer*

- *Schüssel, Pfanne, feuerfeste Form zum Überbacken, Pfannenwender, Backofen*

So geht's

❶ Für den Teig die Eier mit der Milch verquirlen, 3 Eßlöffel Mehl hineinrühren und eine Prise Salz dazugeben. Das Ganze zu einem flüssigen Teig verrühren.

❷ Wenig Butter oder Margarine in eine Pfanne geben und die Crêpes darin zubereiten: Pfannenboden gleichmäßig dünn (!) mit dem Teig bedecken, fest werden lassen, vorsichtig mit dem Pfannenwender umdrehen und nach ca. 3 Minuten herausnehmen. Wiederholen, bis der Teig verbraucht ist.

❸ Dann in der Pfanne einen Eßlöffel Butter erhitzen, eine Handvoll Nüsse zerstoßen (in ein Handtuch wickeln und mit einem schweren Gegenstand draufhauen) und darin anrösten. Einen Eßlöffel Mehl einrühren, dann langsam und unter Rühren den Saft einer halben Zitrone. Zuerst klumpt alles zusammen, dann wird die Sauce aber wieder flüssiger. Die Sahne dazugeben. Salzen und pfeffern.

❹ Backofen auf 200 Grad vorheizen. Die Crêpes bestreichst Du mit der Sauce, rollst sie zusammen und legst sie nebeneinander in eine Auflaufform. Mit der restlichen Sauce übergießen, den Käse darüberstreuen und ca. 15 Minuten bei 200 Grad im Backofen überbacken.

Rosarote Häschennudeln

Hier kommt es weniger auf Deine Koch- als auf Deine Dekorationskünste an. Deshalb sind die Häschennudeln auch bestens als Versöhnungsessen geeignet, denn das schaut man sich lange an, kommt aber meistens gar nicht erst dazu, es zu essen. (Obwohl das wirklich schade wäre!)

So geht's

❶ Den größeren Topf zu 2/3 mit Wasser füllen und zum Kochen bringen. Dann einen Eßlöffel Salz und die Nudeln hineingeben und nach Packungsangabe kochen. Achtung: Die Nudeln nicht zu weich werden lassen, denn dann verlieren sie ihre lustige Form!

❷ Unterdessen in einem kleinen Topf Sahne mit Tomatenmark, Sherry und einem halben Teelöffel Salz aufkochen und bei kleiner Hitze ein paar Minuten köcheln lassen, bis die Nudeln fertig sind. Zwischendurch umrühren.

❸ Die Nudeln werden abgeschüttet und mit der rosa Sauce serviert: Leg die Nudeln auf eine Tellerseite und gieße einen malerischen Saucen-See auf die andere. Wenn Du jetzt noch roten Pfeffer (er ist süßlich) über alles streust, ist es perfekt!

für 2

Das brauchst Du

- *250 g Nudeln in ungewöhnlichen Formen (Häschen, Herzchen oder ähnliches)*
- *1 Becher Sahne (ca. 200 g)*
- *1 EL Tomatenmark*
- *2 cl Sherry*
- *Salz*
- *evtl. roten Pfeffer (türkischer Supermarkt)*

- *Größeren Topf, kleineren Topf, Sieb zum Abschütten der Nudeln*

Saltimbocca

„Hüpf in den Mund" heißt dieses raffinierte Fleischgericht aus Italien wörtlich übersetzt. Der intensive und betörende Salbei-Geschmack hat eine aphrodisierende Wirkung und gibt – vermischt mit dem salzigen Parmaschinken – dem zarten Fleisch eine ganz besondere Note.

für 2

Das brauchst Du

- *4 dünne Kalbsschnitzel à ca. 80 g (vom Metzger schneiden lassen)*
- *4 Scheiben Parmaschinken*
- *8 Salbeiblätter*
- *3 EL Öl*
- *1 EL Mehl*
- *1 Knoblauchzehe*
- *1 kl. Zwiebel*
- *1 kl. Paket Tiefkühlblattspinat*
- *6 gr. Kartoffeln*
- *Salz, Pfeffer*

- *Größere Pfanne, einige Zahnstocher*

So geht's

❶ Den Blattspinat aus der Packung auf einen Teller geben und auftauen lassen. Wenn die Zeit zu kurz sein sollte, einfach mit etwas Wasser (damit nichts anbrennt) auf mittlerer Temperatur köcheln lassen.

❷ Jetzt die geschälten, gewaschenen Kartoffeln, wie auf Seite 126 beschrieben, als Salzkartoffeln zubereiten.

❸ Du würzt das Fleisch mit Salz und Pfeffer und wälzt es leicht in Mehl. Mit je einer Scheibe Schinken und zwei Salbeiblättern belegen und mit Zahnstochern befestigen (siehe Foto).

❹ Den Knoblauch und die Zwiebel schälen und fein würfeln. In der Pfanne mit einem Eßlöffel Öl auf mittlerer Hitze leicht anbräunen. Den aufgetauten Spinat dazugeben und mit je einer Prise Salz und Pfeffer würzen – gut umrühren. Die Garzeit beträgt ca. 5 Minuten. Danach den Spinat in eine Schüssel geben und warmstellen.

❺ Jetzt die Pfanne auswaschen und erneut 1-2 Eßlöffel Öl erhitzen, die Schnitzel hineingeben. Bei hoher Temperatur von beiden Seiten je eine Minute anbraten, dann ca. 2 Minuten mit der belegten Seite nach oben bei mittlerer Temperatur garen. Nur noch die Kartoffeln abschütten, und alles auf möglichst vorgewärmten Tellern servieren. Der italienische Abend kann beginnen...

Star-Rezept von

Rhea Harder

Rhea Harder ist Florentine „Flo" Spira und ißt für ihr Leben gern französisch.

Rhea wollte eigentlich nie Schauspielerin werden. Trotzdem stand sie schon als Schulkind vor der Kamera (u. a. bei „Frauenarzt Dr. Markus Merthin", „Die Straßen von Berlin", „Für alle Fälle Stephanie"). Nach dem Abi war ein Studium geplant. Doch das Angebot von GZSZ machte einen Strich durch die Rechnung.

Seit dem 1. November 1995 (Folge 893) spielt Rhea in GZSZ Florentine „Flo" Spira. Sie hat ein großes Herz, kann aber auch ganz schön zornig werden. Flo ist eine Prinzessin und heißt Florentine Spirandelli de Montalban. Sie will von ihrer blaublütigen Abstammung aber nichts wissen und lebt unerkannt in Berlin. Flo macht ihr größtes Hobby, die Fotografie, zum Beruf. Mit ihrem Freund Andy erlebt sie alle Höhen und Tiefen – und im Frühjahr 1998 kommt es sogar zur Hochzeit der beiden.

„Privat versuche ich, meinen Körper zu entspannen und den Kopf frei zu bekommen für neue Aufgaben. In meiner Freizeit reite ich am liebsten, oder ich lese Bücher, z. B. von Heinrich Heine und Thomas Mann. Ich koche und backe aber auch sehr gerne."

Ratatouille

So geht's

❶ Paprikaschoten halbieren, entkernen, waschen und in Streifen schneiden. Zwiebeln schälen und würfeln. Knoblauchzehen pellen und in Scheiben schneiden. Aubergine waschen, Stiel und Blattkranz entfernen und in Scheiben schneiden. Zucchini waschen, Enden abschneiden und auch in Scheiben schneiden. Tomaten waschen und vierteln.

❷ Bei mittlerer Hitze einen Topf oder eine größere Pfanne mit dem Öl erhitzen. In ca. 5 Minuten die Zucchini- und Auberginenscheiben unter Wenden goldbraun braten. Zwiebeln und Knoblauch kurz mitbraten und dann die Paprikastreifen und Tomatenviertel hinzugeben.

❸ Kochplatte auf klein stellen, die Kräuter (bis auf die Petersilie) hineingeben und alles etwa 15 Minuten dünsten, bis das Gemüse weich ist, aber noch Biß hat. Falls nötig, etwas Wasser aufgießen.

❹ Mit Salz und Pfeffer abschmecken und vor dem Servieren die gewaschenen und kleingeschnittenen Blätter der Petersilie hinzugeben.

❺ Dazu schmeckt kräftiges Weißbrot, z. B. Ciabatta, besonders gut. Ratatouille eignet sich aber auch sehr gut zu Fleischgerichten (vor allem Lamm) oder zu Nudeln.

für 2

Das brauchst Du

- *2 Paprika*
- *1 Aubergine*
- *1 kl. Zucchini*
- *3-4 Tomaten*
- *2 Zwiebeln*
- *2-3 Knoblauchzehen*
- *3 EL Öl*
- *1 Bund glatte Petersilie*
- *je 1 Zweig frischen Rosmarin und Thymian oder 1 TL Kräuter der Provence*
- *Salz, Pfeffer*

- *Größeren Topf oder Pfanne, scharfes Messer*

"Ich mag's frisch und fruchtig!"
Zott
Starfrucht
Joghurt mild
Erdbeer
Zott
Starfrucht
Joghurt mild
Erdbeer
Mit extra großen Fruchtstücken!

Rinderfilet mit Gratin und glasierten Zwiebeln

Du willst Euch ein Mahl zaubern, an das Ihr noch lange denken werdet? Dafür haben wir etwas ganz Exklusives. Ein Rinderfilet kurz gebraten, eine Handvoll Zwiebeln und ein köstliches Kartoffelgratin dazu, das zergeht auf der Zunge. Ein ganz besonderes Erlebnis, nicht nur für den Gaumen.

für 2

Das brauchst Du

- *400 g Rinderfilet*
- *200-300 g kleine Zwiebeln oder Schalotten*
- *3 dicke Kartoffeln*
- *1 Becher Sahne (ca. 200 g)*
- *2 Knoblauchzehen*
- *1 Ei*
- *1 EL Butter*
- *2 EL Öl*
- *150-200 g geriebenen Käse*
- *1 TL Muskatnuß*
- *1 Rosmarinzweig (oder 1 TL Rosmarin aus dem Glas)*
- *Salz, Pfeffer*

- *Backofen, Pfanne, Pfannenwender, Messer, Auflaufform, Knoblauchpresse, Schüssel, Alufolie*

So geht's

❶ Zunächst bereitest Du das Gratin vor. Dazu schälst und wäschst Du die Kartoffeln und schneidest sie in dünne Scheiben. Die Auflaufform reibst Du mit einer geschälten und halbierten Knoblauchzehe aus. Sahne und das Ei in einer Schüssel vermischen, einen Teelöffel Muskatnuß, die zweite, zerdrückte Knoblauchzehe und eine Handvoll geriebenen Käse dazugeben und verrühren. Den Backofen auf 200 Grad vorheizen. Eine Schicht Kartoffelscheiben in die Auflaufform geben, leicht salzen und pfeffern und etwas Sahnesauce darüber verteilen. Vorgang zweimal wiederholen, zuletzt die restliche Sauce verteilen und eine dicke Schicht geriebenen Käse darüber streuen. Mit Alufolie abdecken, damit der Käse nicht anbrennt und 50-60 Minuten in den Backofen stellen. Nach etwa 40 Minuten die Alufolie von der Form nehmen.

❷ Jetzt schälst Du die Zwiebeln. Erhitze in der Pfanne einen Eßlöffel Öl und laß die ganzen Zwiebeln darin bei mittlerer Hitze garen. Sie sollten noch bißfest sein. Die Zwiebeln aus der Pfanne nehmen.

❸ Das restliche Öl in die Pfanne geben und auf starke Hitze schalten. Nun kommt das gewaschene, mit Küchenpapier abgetrocknete und mit Pfeffer bestreute Filet in das heiße Öl. Etwa eine Minute kräftig anbraten, das Filet wenden und die andere Seite ebenfalls eine Minute lang anbraten. Die Kochplatte auf mittlere Hitze herunterschalten. Einen Eßlöffel Butter in der Pfanne zerlassen, das Filet damit beträufeln. Jetzt die Zwiebeln hineingeben und alles insgesamt ca. 5 Minuten weiterbraten. Nach dieser Zeit ist das Filet „medium" gebraten, also innen noch rosa. Wenn Du es durchgebraten haben willst, laß es weitere 3 Minuten in der Pfanne.

❹ Bevor Du das köstliche Mahl servierst, wird das Filet noch leicht gesalzen und mit dem Rosmarinzweig, den Du kurz in die Pfanne gegeben hast, dekoriert. Das Fleisch kannst du halbieren oder in mitteldicke Stücke schneiden. Auf den möglichst vorgewärmten Tellern anrichten und heiß servieren. Mit einem Glas Rotwein ist diese Delikatesse der Beginn eines unvergeßlichen Abends.

TiP

Wenn Dir Rinderfilet zu teuer ist, kannst Du auch Hüftsteak oder Rumpsteak nehmen.

Verführerische Reibekuchen

Bei Reibekuchen denkst Du automatisch an fett-triefende, glühend heiße, geschmacksneutrale Kartoffelpuffer auf der Kirmes? Dann solltest Du dieses Rezept mit Lachs und Crème fraîche schnellstens ausprobieren. Du wirst überrascht sein, wie köstlich Reibekuchen schmecken können!

So geht's

❶ Zuerst die Kartoffeln schälen, waschen und grob reiben. Die Flüssigkeit abgießen.

❷ Zwiebel schälen, reiben und mit dem Ei, den Haferflocken und einer Messerspitze Salz zu den Kartoffeln geben. Gut durchrühren.

❸ Etwas Öl in der Pfanne stark erhitzen, 1-2 Eßlöffel Teig pro Reibekuchen in die Pfanne geben. Von beiden Seiten unter mehrmaligem Wenden backen, bis sie goldgelb sind und die Ränder schön kroß. Die fertigen Reibekuchen auf einem Teller im Backofen warmstellen (50 Grad).

❹ Lachs auf dem Teller anrichten, einen dicken Klacks Crème fraîche dazu und mit den heißen Reibekuchen servieren.

Das brauchst Du

für 2

- *500 g Kartoffeln*
- *1 gr. Zwiebel*
- *1 Ei*
- *1 EL Haferflocken*
- *6 EL Öl*
- *1 Becher Crème fraîche oder Schmand (ca. 200 g)*
- *4 Scheiben Räucherlachs*
- *Salz*

- *Reibe, Pfanne, Pfannenwender*

Sellerie mit Gorgonzolabutter

Füttern erlaubt! Diese feine, einfach zubereitete Leckerei hat angeblich eine aphrodisierende Wirkung (der Sellerie!). Aber der größte Vorteil ist der, daß man sie verdrücken kann, wo man will: auf dem Sofa, im Bett oder wo auch immer.

Das brauchst Du

für 2

- *1 Bund Staudensellerie*
- *200 g Gorgonzola-Käse*
- *200 g Butter*
- *evtl. Weißbrot*

- *Scharfes Messer*

So geht's

❶ Die Selleriestangen waschen. Die holzigen Enden entfernen, dann die größeren Stangen in dünnere Stifte schneiden (ca. 20 cm lang, 1 cm dick), die kleineren Stangen bleiben, wie sie sind.

❷ Mit den Blättern bzw. dem grüneren Ende nach oben in ein Glas stellen.

❸ Die Butter und der Käse werden mit einer Gabel zerdrückt und vermischt und zum Sellerie als Dip gereicht. Das reicht als kleiner Appetizer – Ihr könnt aber auch noch Brot dazu essen.

Frischer Spargel mit Schinken

Früher war Spargel eine Delikatesse für Könige, aber heute kann sich auch eine kleine Haushaltskasse diesen Genuß leisten. Am besten schmecken die weißen Stangen frisch vom Bauern in der Spargelzeit von Ende April bis Ende Juni. Dann platzen sie vor Vitaminen, und man sagt ihnen auch eine sehr anregende Wirkung nach ...

Tip

Du kannst statt der Butter auch eine Sauce hollandaise servieren. Die gibt es als Fertigpulver zum Anrühren oder auch als fertige Sauce.

für 2

Das brauchst Du

- *1 kg frischen weißen Spargel*
- *500 g Kartoffeln*
- *100 g Butter*
- *200 g rohen oder gekochten Schinken*
- *1 TL Zucker*
- *Muskatnuß*
- *Salz, Pfeffer*

- *2 größere Töpfe, kleinen Topf, scharfes Messer, Sparschäler*

So geht's

❶ Die Kartoffeln als Pellkartoffeln kochen (Seite 126).

❷ Die Spargelstangen mit dem Sparschäler oder einem scharfen Messer von oben nach unten dünn schälen, die holzigen Enden großzügig abschneiden. Den Spargel waschen.

❸ Ca. 2 Liter Wasser mit 2 Teelöffeln Salz, etwas Pfeffer, einem Teelöffel Zucker und einer Prise Muskatnuß in einem großen Topf zum Kochen bringen und den Spargel hineingeben. Er soll jetzt etwa 15-20 Minuten kochen. Gegen Ende der Garzeit mal mit einem Messer reinstechen, er sollte noch bißfest sein. Dann kannst Du das Wasser abgießen.

❹ Die Butter wird im kleinen Topf bei schwacher bis mittlerer Hitze geschmolzen.

❺ Zum Servieren richtest Du die Schinkenscheiben dekorativ auf den Tellern an. Jeder nimmt sich Spargel und Kartoffeln dazu. Darüber kommt dann die heiße Butter – einfach köstlich!

NERVENNHAHRUNG FÜR 1-2 PERSONEN

Kummerküche

GUTE ZEITEN SCHLECHTE ZEITEN

Es gibt kein Rezept gegen Liebeskummer. Aber Du kannst einiges tun, damit Du Dich wieder besser fühlst. Nämlich das, was Dir Spaß macht. Wie wär's mit einem leckeren Essen? Hilft bestimmt! Die Seele baumeln lassen, zurücklehnen und beim Dessert überlegen, was man Sinnvolles tun kann, damit alles wieder ins Lot kommt.

Omas Aufbau-Süppchen

für 1-2

Das brauchst Du

- *100 g durchwachsenen Speck*
- *250 g Erbsen (tiefgekühlt)*
- *2 Kartoffeln*
- *1/2 Ecke Schmelzkäse*
- *2 TL Instantbrühe*
- *1 Zwiebel*
- *150 g jungen Gouda*
- *1 EL Butter*
- *Zucker*
- *Salz, Pfeffer*

- *Größeren Topf, scharfes Messer*

Ein hungriger Mensch ist kein glücklicher Mensch! Seit ewigen Zeiten beginnen gute Zeiten mit einem gut gefüllten Magen – wobei eine deftige Suppe so ziemlich das Beste ist, was einem passieren kann.

So geht's

❶ Zunächst schneidest Du den Speck in Würfel, dann schälst Du die Zwiebel und würfelst sie ebenfalls.

❷ Anschließend gibst Du beides mit der Butter in einen Topf und läßt alles so lange brutzeln, bis die Zwiebeln glasig, also durchsichtig sind. Dann schüttest Du einen halben Liter Wasser und zwei Teelöffel Instantbrühe dazu.

❸ Während alles bei kleiner Hitze köchelt, schälst und wäschst Du die Kartoffeln und schneidest sie in kleine Würfel. Zusammen mit dem Schmelzkäse, einer Prise Zucker und den Erbsen in den Topf geben und das Süppchen etwa 15 Minuten garen lassen. Mit Pfeffer und Salz abschmecken.

❹ Unterdessen schneidest Du den Käse in kleine Würfel, die Du kurz vor dem Servieren in die heiße Suppe gibst. Mmh – das tut gut ...

TiP

Auch wenn Du allein ißt: Kerzenlicht und ein paar Blumen machen aus dem Büßermahl eine Triumphfeier!

Star-Rezept von

Hans Christiani

Hans Christiani ist A. R. Daniel und ißt für sein Leben gern deftig.

Drei Tage in der Werkstatt malochen und am Wochenende Theater spielen. Hans Christiani (gelernter Kfz-Mechaniker) führte lange ein Doppelleben. 1986 gelang ihm der entscheidende Sprung. Im Komiker-Kabarett eroberte Hans Christiani gemeinsam mit Lothar van Versen das Publikum. „Mit der Rolle in GZSZ ging mein Traum, eines Tages von der Schauspielerei leben zu können, in Erfüllung. Die Arbeit im Team ist toll und auch meine Rolle gefällt mir gut."

In GZSZ ist Hans Christiani seit der ersten Folge dabei. Er spielt A. R. Daniel, den alle nur Daniel nennen. Seinen Vornamen („Agamemnon Rufus") kennen die wenigsten. Der ruppige, etwas unsichere Daniel ist ein väterlicher Freund der Jugendlichen. Er selbst boxt sich durch und hat oft den Beruf gewechselt. Momentan arbeitet er als Grafiker beim Stadtmagazin „City Lights". Ihm gehört Daniels Bar, die er an Fabian Moreno verpachtet hat. Daniel ist mit Elisabeth Meinhardt verheiratet. Sie lieben sich sehr, haben aber auch schon mal schlechte Zeiten.

Privat unternimmt Hans Christiani viel mit seiner Lebensgefährtin, der Schauspielerin Christiane Reiff („Hinter Gittern – der Frauenknast"). „Wenn wir mal Zeit haben, fahren wir Fahrrad. Am liebsten würden Christiane und ich mal einen langen Urlaub auf unserer Lieblingsinsel Mallorca machen." Und wie sieht's mit den Kochkünsten aus? „Ich mag vor allem die deftige Küche, z. B. Nürnberger Rostbratwürste."

„Nürnberger" mit Bohnen und Kartoffelpüree

für 1-2

Das brauchst Du

- *2-4 Nürnberger Würstchen*
- *5 gr. mehligkochende Kartoffeln*
- *1 kl. Dose Baked Beans*
- *50 g Butter*
- *2 El Öl*
- *etwas Milch*
- *Muskat, Salz*

- *Kleinen Topf, Topf mit Deckel, Pfanne, Kartoffelstampfer*

So geht's

❶ Die Kartoffeln werden geschält, gewaschen, geviertelt, in einen Topf gegeben und mit Wasser gerade eben bedeckt. Eine Messerspitze Salz dazugeben, Deckel drauf und bei niedriger Hitze in 20-30 Minuten weichkochen.

❷ Währenddessen widmest Du Dich den Würstchen. Du erhitzt eine Pfanne mit etwas Öl und gibst die Würstchen hinein. Bei mittlerer Hitze auf beiden Seiten anbraten, dann ca. 6-8 Minuten garen lassen.

❸ Die Bohnen müssen nur kurz in einem Topf bei schwacher Hitze aufgewärmt werden.

❹ Wenn die Kartoffeln gar sind, das Wasser abschütten und sie mit dem Stampfer (notfalls geht auch eine Gabel) zerkleinern. Mit etwas Milch erhältst Du einen geschmeidigen Kartoffelbrei, der mit dem Kochlöffel noch eine gute Minute durchgeschlagen wird. Mit Salz und einer Prise Muskat abschmecken. Butter drüber, mit Würstchen und Bohnen servieren.

Linsensalat mit Schafskäse

Bei diesem Gericht heißt der Seelentröster Knoblauch. Die pikante Knolle ist nämlich nicht nur gesund für Körper und Geist, sie kann auch die Gefühlswelt positiv beeinflussen. Ob das vielleicht einfach daran liegt, daß uns Knofi an Sommer, Sonne, Strand und das Essen im Urlaub erinnert? Egal, Hauptsache es hilft!

So geht's

❶ Die Kartoffeln waschen und 30 Minuten als Pellkartoffeln kochen, also mit Schale und etwas Salz (S. 126). Abschütten, unter kaltem Wasser abschrecken, pellen und in kleine Scheiben schneiden.

❷ Die Linsen werden nur kurz in siedendes Wasser geschüttet und nicht mehr gekocht.

❸ Den Schafskäse in kleine Würfel schneiden. Den Knoblauch pellen und fein hacken. Die Petersilienblätter waschen und kleinschneiden.

❹ Jetzt vorsichtig alles vermengen: die Kartoffeln, die Linsen, den Schafskäse, den Knoblauch und die Petersilie. Den Saft einer Zitrone hinzufügen, ebenso einen Teelöffel Salz, eine Prise Pfeffer und zwei bis drei Eßlöffel Olivenöl und noch mal umrühren. Pur oder mit etwas Brot und einem Glas kühlen Weißwein genießen.

für 1-2

Das brauchst Du

- *200 g festkochende Kartoffeln*
- *1 kl. Dose Linsen*
- *100 g Schafskäse*
- *1 Zitrone*
- *2 Koblauchzehen*
- *2-3 EL Olivenöl*
- *etwas glatte Petersilie*
- *Salz, Pfeffer*

- *Größeren Topf*

Gebackene Ravioli

Total down

Du hast schlechte Laune und möchtest Dich mit einer leckeren Schweinerei vor die Glotze setzen, ohne vorher drei Stunden in der Küche zu stehen? Du willst keine Mahlzeit, sondern einfach was zu essen? Okay ...

für 1-2

Das brauchst Du

- *1 Packung Ravioli, möglichst mit Käse, aus dem Kühlregal*
- *2-3 EL Öl*

- *Pfanne*

So geht's

❶ Normalerweise werden Ravioli in Wasser gekocht, diesmal werden sie gebraten: Du erhitzt 2-3 Eßlöffel Öl in der Pfanne und brätst die Ravioli von beiden Seiten goldbraun (dauert ca. 5 Minuten).

❷ Dann nimmst Du Dir eine Flasche Bier, die Fernbedienung und die Ravioli und knusperst sie genüßlich auf dem Sofa.

Ricky ist total down. Nataly ist sauer auf ihn, weil er Mist gebaut hat. Jetzt muß Philip ihn trösten.

Nudeln mit Backobst

Wir sind zwar nicht der Meinung, daß Alkohol Probleme löst. Aber wenn's Dir richtig mies geht, nimm ruhig die doppelte Menge Weinbrand. Vielleicht ißt jemand mit?

für 1-2

Das brauchst Du

- *150 g spiralförmige Nudeln*
- *1 Tüte Backobst*
- *1 EL Speisestärke (Mondamin)*
- *2 Schnapsgläser Weinbrand*
- *1 EL Zitronensaft*
- *1 TL. Zucker*

- *Schüssel, 2 Töpfe, Sieb zum Abgießen*

So geht's

❶ Zunächst machst Du das Obst besoffen: Backobst abspülen und dann mindestens 1 Stunde (besser aber einen halben Tag) in dem Weinbrand und einer halben Tasse Wasser einweichen lassen.

❷ Dann kochst Du die Nudeln: Topf zu 2/3 mit Wasser füllen. Wenn das Wasser kocht, einen Teelöffel Salz und die Nudeln hineingeben. Nudeln bißfest kochen (genaue Kochzeit steht auf der Packung).

❸ Währenddessen das Backobst mit einem Teelöffel Zucker in einen anderen Topf geben, mit Wasser bedecken und zum Kochen bringen. Nach 5 Minuten etwas Speisestärke einrühren, bis die Sauce ein bißchen sämig ist, und mit Zitronensaft abschmecken.

❹ Nudeln abschütten und mit dem Backobst servieren.

Wonne-Waffeln

Der warme Duft frisch gebackener Waffeln hat schon immer dunkle Gedanken vertrieben. Und beim Anblick der goldbraunen, mit Puderzucker bestäubten Köstlichkeiten kann man doch wirklich an nichts Böses mehr denken, oder?

So geht's

❶ Eigelb und Eiweiß trennen und das Eiweiß in der (kleineren) Schüssel mit einem Mixer zu steifem Schnee schlagen. Notfalls geht das übrigens auch mit dem Schneebesen. Damit es klappt, mußt Du darauf achten, daß wirklich kein Eigelb mit ins Eiweiß rutscht.

❷ Das Eigelb gibst Du in eine größere Schüssel, fügst Butter, Zucker und Vanillezucker hinzu und verrührst es mit dem Mixer oder Schneebesen zu einer schaumigen Masse. Dann den Eischnee vorsichtig unterheben. Mehl mit Backpulver vermischen und unter Rühren nach und nach beifügen. Zuletzt den Honig und eine Prise Salz daruntermischen und so viel lauwarmes Wasser zugeben, bis ein dickflüssiger Teig entstanden ist.

❸ Waffeleisen erhitzen und beide Backseiten dünn einfetten. 1-2 Eßlöffel Teig hineinfüllen und das Gerät schließen. Backen, bis die Waffel goldbraun ist, auf einen Teller legen und mit Puderzucker bestreuen.

für 1-2

Das brauchst Du

- *2 Eier*
- *125 g Butter oder Margarine*
- *2-3 EL Zucker*
- *250 g Mehl*
- *1/2 Päckchen Backpulver*
- *2 EL Honig*
- *1 TL Vanillezucker*
- *Puderzucker zum Bestreuen*
- *Etwas Öl fürs Waffeleisen und einen Pinsel*
- *Salz*

- *Waffeleisen, Mixer oder Schneebesen, 2 Schüsseln*

Tip

Bei großem Kummer können heiße Kirschen Wunder wirken. Dazu ein Glas Kirschen in einem Topf erwärmen. Den Saft mit 1/2 Teelöffel Speisestärke andicken – fertig.

für 1-2

Das brauchst Du

- *2 Eier*
- *300 ml Milch*
- *2 Päckchen Vanillezucker*
- *4-6 Scheiben Toastbrot oder trockenes Weißbrot*
- *100 g Paniermehl*
- *1 El Butterschmalz*
- *Salz, Zimt*

- *Pfanne, Pfannenwender*

So geht's

❶ Die Eier werden mit der Milch, einer Prise Salz, einer Prise Zimt und dem Vanillezucker verquirlt und anschließend über das Toastbrot gegossen. Du kannst auch das Toastbrot in die Eiermasse legen. Auf jeden Fall müssen sich die Brotscheiben schön vollsaugen.

❷ Paniermehl auf einen Teller streuen und das tropfnasse Brot von beiden Seiten darin wälzen.

❸ Nun erhitzt Du etwas Butterschmalz in einer Pfanne und backst die Brotscheiben darin von beiden Seiten goldbraun. Die Armen Ritter ißt Du entweder pur oder mit etwas Kompott. Wer ganz schlimm dran ist, darf auch noch Marmelade oder Nutella draufstreichen ...

Armer Ritter

Der Duft von Butter und Zimt erinnert an Winter und Weihnachten und Kuscheln auf dem Sofa. Da – ein kleines Lächeln der Erinnerung schon beim Kochen! Beim Essen verfliegt dann der letzte Frust. Und irgendwie tröstet doch schon der Name dieser kleinen Leckerei ein bißchen, oder?

Milchreis

Äußerst geeignet bei Wutanfällen: Das viele Umrühren wirkt beruhigend auf die Nerven, das anschließende Verzehren der gehaltvollen, süßen Masse gleicht den Serotonin-Haushalt aus – kurz: macht wieder froh!

So geht's

❶ Die Milch mit dem Reis und einer Prise Salz in einen Topf geben und zum Kochen bringen. Dann bei schwacher Hitze im offenen Topf 30-40 Minuten köcheln lassen.

❷ Damit nichts am Topfboden festpappt und anbrennt – geht zum Schluß sehr schnell! – mußt Du immer mal wieder umrühren. Wenn der Reis zu trocken wird, gießt Du einfach etwas Wasser nach.

❸ Butter in der Pfanne (geht auch im Topf) erhitzen und etwas braun werden lassen. 3 Eßlöffel Zucker mit einem Teelöffel Zimt vermischen. Erst Butter, dann den Zimtzucker über den fertigen, warm servierten Milchreis geben.

für 1-2

Das brauchst Du

- *2 Tassen Rundkornreis (Milchreis)*
- *5 Tassen Milch*
- *2 EL Butter*
- *Salz, Zimt, Zucker*

- *Größeren Topf, kleine Pfanne*

TiP

Dazu schmeckt sehr gut frisches Obst.

Mousse au chocolat

Achtung, ich bin die Sünde! Fettig, süß, nährstoffarm – und ein phantastisches Aufputschmittel bei Frust. Schokolade macht glücklich, jedenfalls für kurze Zeit. Und der Sättigungsgrad ist so groß wie der Suchtfaktor. Also kannst Du in schlechten Zeiten ruhig zuschlagen.

Das brauchst Du *für 2*

- *2 Tafeln bittere Schokolade*
- *2 Eier*
- *1 Becher Sahne (ca. 200 g)*
- *1-2 Schnapsgläschen Weinbrand*

- *2 unterschiedlich große Töpfe, Mixer (Schneebesen geht auch), 2-3 Schüsseln*

So geht's

❶ Es geht etwas kompliziert los, aber das Wasserbad ist sozusagen das A und O der Mousse-au-chocolat-Zubereitung, da mußt Du durch. Wenn Du die Schokolade einfach im Topf auf dem Herd schmilzt, klappt's nicht. Und schon wieder Frust!

❷ Also: Einen Topf mit etwas Wasser füllen, einen kleineren Topf so reinhängen, daß das Wasser möglichst hoch steigt, aber nicht überläuft. Statt des inneren Topfes kannst Du auch eine Metallschüssel mit Rand nehmen. Das Wasser erhitzen und in den inneren Topf die Schokolade bröckeln. Schmelzen lassen. Achtung: kein Wasser an die Schokolade lassen!

❸ Währenddessen zuerst die Sahne steif schlagen, dann den Mixer säubern. Nun die Eier trennen: Eier aufschlagen und vorsichtig das Eigelb in der Schale behalten, während das Eiweiß in eine Schüssel fließt. Eiweiß mit dem Mixer steif schlagen.

❹ Das Eigelb wird dann mit dem Weinbrand in einer größeren Schüssel verquirlt und die aufgelöste Schokolade langsam – unter ständigem Rühren – hineingegossen.

❺ Vorsichtig nacheinander erst das feste Eiweiß unterheben und dann auch die steifgeschlagene Sahne. Alles gut durchrühren und für ein paar Stunden in den Kühlschrank stellen, damit die Masse fest werden kann. Auf Teller verteilen und mit Schlagsahne servieren.

TiP

Frische Früchte, z. B. Himbeeren oder Kiwis sind der Hit zu Mousse au chocolat.

Alle GUTE ZEITEN SCHLECHTE ZEITEN -Romane

Band 1
Dir gehört mein Herz!

Band 2
Auf den Spuren der Liebe

Band 3
Sprung ins Glück

Band 4
Der Herzensbrecher

Band 7
Flo und Andy –
Das Traumpaar

Band 8
Ricky – Der sympathi-
sche Draufgänger

Band 9
Im siebten Himmel

Band 10
Zarte Gefühle

Jeder Band nur
DM 16,90

Überall wo's Bücher gibt oder
bestellen bei: Dino-Leserservice,
Postfach 12 55, 79420 Heitersheim

Jeder Band DM 16,90 zzgl. Versandkosten

...auf einen Blick!

Mein geheimes Tagebuch (abschließbar)
DM 19,80

Band 5
Katja geht ihren eigenen Weg

Band 6
Gemeinsam durch dick und dünn

Mein Poesiealbum

Band 11
Der Verdacht!

Band 12
Frisch verliebt

Band 13
Bleib bei mir!

Dino

ER OFFIZIELLE VERLAG ZUR SERIE

QUICKIES LEICHTGEMACHT FÜR 2 HUNGRIGE

Schnelles für der

GUTE ZEITEN SCHLECHTE ZEITEN

Feierabend

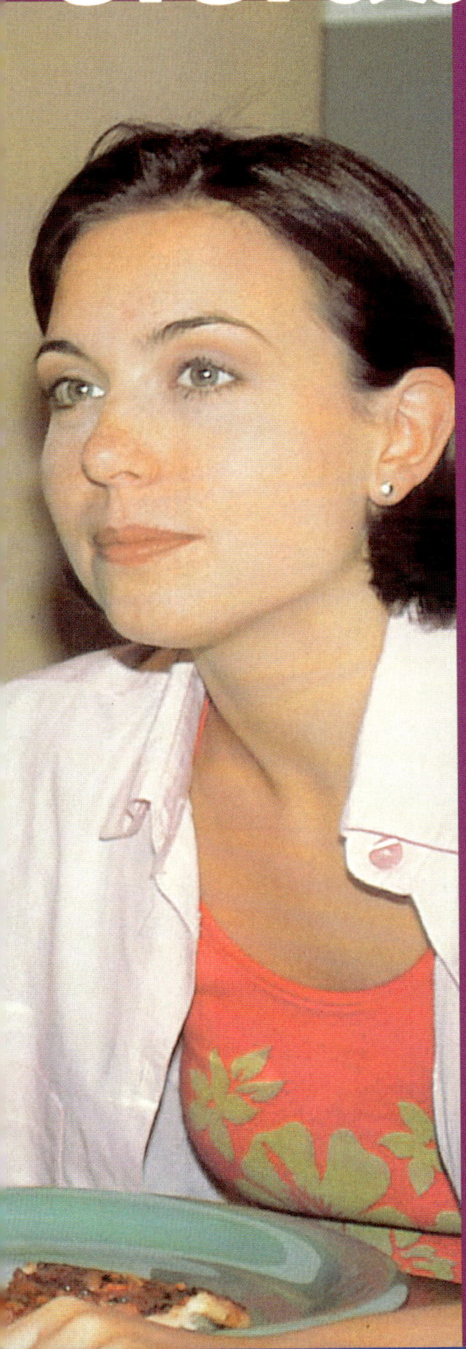

Wenn's schnell gehen soll, schiebt man sich auch schon mal eine Tiefkühlpizza rein (wie Flo und Nataly auf dem Foto). Keinen Bock auf umständliche Küchen-Action! Zum Glück gibt es leckere Gerichte, die man quick & easy auf den Tisch zaubern kann. Versucht's doch mal, Eure Freunde werden überrascht sein.

Das brauchst Du *für 2*

- *150 g Mehl*
- *100 ml Milch*
- *2 Eier*
- *1-2 EL Butter oder Margarine*
- *Zucker oder etwas anderes zum Belegen, z.B. Äpfel oder Speck*
- *Salz*

- *Schüssel, Pfanne mit Deckel, Schneebesen (Gabel geht auch), Pfannenwender*

Pfannkuchen

Den Klassiker der schnellen Küche gibt's in salziger oder süßer Version, das Grundrezept bleibt gleich. Wer Freunde bekocht, nimmt einfach die doppelte Menge, wer allein ist, futtert den Rest am nächsten Tag.

So geht's

❶ Die Eier aufschlagen, mit einer Prise Salz und der Milch in eine Schüssel geben und mit dem Schneebesen verquirlen. Unter ständigem Rühren das Mehl löffelweise hinzufügen. Der Teig muß eine zähe Flüssigkeit werden. Ist er zu dick? Dann gib noch etwas Milch hinzu (diejenigen, die immer auf die Figur achten, können statt Milch auch Mineralwasser nehmen). Jetzt ist der Teig zu dünn? Dann muß noch ein wenig Mehl zum Binden hinein.

❷ In der Pfanne hast Du inzwischen einen Eßlöffel Butter oder Margarine bei mittlerer Temperatur geschmolzen. Nun löffelweise den Teig hineingeben und ca. 2 Minuten backen lassen. Bei einer großen Pfanne reicht der Teig für einen Pfannkuchen, bei einer kleinen Pfanne für zwei. Geschickte Köche schwingen die Pfanne und der Kuchen wendet sich von allein. Wir nehmen den Pfannenwender. Noch einfacher geht es mit dem Pfannendeckel: Pfannkuchen in den Deckel gleiten lassen. Pfanne auf den Deckel legen und das Ganze dann schnell umdrehen. Die andere Seite weitere 2 Minuten backen.

❸ Zum Schluß mit etwas Zucker bestreuen. Besonders toll wird ein Pfannkuchen, wenn Du ihn vor dem Wenden belegst. Herzhaftes wie Speck, Tomaten und Käse oder Süßes wie Äpfel, Blaubeeren und Bananen verfeinern das Gericht.

Star-Rezept von

Alexandra Neldel

Alexandra Neldel ist Katja Wettstein und ißt für ihr Leben gern quick & easy.

Blonde Haare, blaue Augen und ein zauberhaftes Lächeln. Klar, daß die Casting-Chefin von GZSZ auf Alexandra aufmerksam wurde. Das ist schon einige Zeit her. Alexandra steht längst mit beiden Beinen im TV-Geschäft. Neben GZSZ hat die gelernte Zahnarzthelferin auch einige Episoden der RTL-Serie „OP ruft Dr. Bruckner – die besten Ärzte Deutschlands" und zwei RTL-Spielfilme abgedreht.

Seit dem 23. September 1996 spielt Alexandra in GZSZ die hübsche Katja Wettstein. Die Männer himmeln das vorlaute Mädchen an, und Katja weiß, wie sie Liebhabern den Kopf verdreht. Katjas Motto heißt „Ich will Spaß", aber sie hat auch andere Seiten, sehnt sich nach Liebe und Geborgenheit.

Wenn Alexandra (geb. am 11. Februar 1976) nicht vor der Kamera steht, nimmt sie Sprach- und Schauspielunterricht. Sie geht gern mit Freunden auf die Rolle. Essen ist für die begeisterte Sporttaucherin und Motorradfahrerin eher Nebensache. Feine Küche ist schon gar nicht ihr Ding. Sie steht eher auf alles, was man nach Feierabend schnell auf den Teller bringen kann.

Gebratene Nudeln

für 2

Das brauchst Du

- *250 g chinesische Nudeln oder Spaghetti*
- *1 Ei*
- *2 EL Sojasauce*
- *1 Frühlingszwiebel*
- *1 EL Öl*
- *je nach Geschmack noch Gemüse und Krabben*
- *Salz*

- *Größeren Topf, größere Pfanne, Sieb, scharfes Messer*

So geht's

❶ Vielleicht hast Du noch Nudeln vom Vortag, sonst mußt Du welche kochen. Viel Wasser in einem Topf aufkochen. Dann einen Eßlöffel Salz und die Nudeln dazugeben und nach Packungsangabe kochen. Abgießen und kurz kaltes Wasser über die Nudeln laufen lassen.

❷ Während die Nudeln kochen, wäschst Du die Frühlingszwiebel und schneidest sie in dünne Ringe. Auch das übrige Gemüse – falls vorhanden – kleinschneiden.

❸ Das Ei in einer Tasse mit einem Spritzer Sojasauce mit einer Gabel glattrühren.

❹ Dann gibst Du einen Eßlöffel Öl und die Nudeln in die Pfanne. Laß sie bei mittlerer Hitze brutzeln, bis sie hellbraune Stellen bekommen. Jetzt die Zwiebeln (plus Gemüse) dazugeben, umrühren und nach einer Minute das Ei (und die Krabben) dazugeben. Nach einer weiteren Minute die Sojasauce drüberschütten, umrühren – fertig.

Bunter Salat mit Kräuterbaguette

Ein erfrischendes Essen nach einem anstrengenden Tag, das satt macht, den Magen nicht belastet und auch nicht so furchtbar viele Kalorien hat. Wenn Du es gehaltvoller möchtest, nimm noch Thunfisch dazu!

für 2

Das brauchst Du

- *250 g Möhren*
- *250 g Erbsen (tiefgekühlt)*
- *1/2 Salatgurke*
- *1 Zwiebel*
- *1/2 Zitrone*
- *1 EL Mayonnaise*
- *4 Eier*
- *1 Stück Kräuterbutter*
- *1 Aufbackbaguette (Supermarkt, Brotregal)*
- *Kresse oder andere Kräuter*
- *Salz, Pfeffer*

- *Topf, Salatschüssel, scharfes Messer, Backofen*

So geht's

❶ Die Möhren schälen, waschen und in Scheiben schneiden. In einem Topf mit Wasser (gut bedeckt) zum Kochen bringen und mit den tiefgekühlten Erbsen rund 5 Minuten garen. Wasser abschütten, Möhren und Erbsen abkühlen lassen. Jetzt die Eier in dem Topf ca. 12 Minuten hart kochen.

❷ Unterdessen die Gurke schälen und in Scheiben schneiden, Zwiebel schälen und fein würfeln. Möhren, Erbsen, Gurke, Zwiebeln in eine Schüssel geben.

❸ Das Baguette wird in der Mitte so aufgeschnitten, daß es an einer Längsseite noch zusammenhängt. Dann mit Kräuterbutter bestreichen und für etwa 10 Minuten bei 200 Grad in den Ofen schieben.

❹ Aus dem Saft einer halben Zitrone, einem Teelöffel Salz, einer Prise Pfeffer und einem Eßlöffel Mayonnaise eine Sauce zubereiten und mit den Salatzutaten vermischen. Zum Schluß die gepellten Eier in Achtel schneiden und vorsichtig unterheben.

❺ Kresse (oder andere frische Kräuter) über den Salat streuen und mit dem warmen Baguette servieren.

Linsensuppe

Entgegen gängiger Vorurteile muß man Linsensuppe nicht stundenlang in riesigen Töpfen kochen lassen, bis sie schmeckt. Nichts gegen Omas deftigen Eintopf, aber wir empfehlen die schnelle, moderne Variante für den Feierabend.

für 2

Das brauchst Du
- *1 gr. Dose Linsen*
- *1 gr. Kartoffel*
- *1 Stange Lauch*
- *1 TL Instantbrühe*
- *3 EL Olivenöl*
- *2 EL Zitronensaft*
- *1 Knoblauchzehe*
- *Salz, Pfeffer*

- *Großen Topf, scharfes Messer*

So geht's

❶ Zunächst beim Lauch äußere grüne Blätter und Wurzelstrunk entfernen, gründlich waschen (oben kreuzweise einschneiden, damit der Sand rausgespült wird) und in dünne Ringe schneiden. Die Kartoffel schälen, waschen und in kleine Würfel schneiden.

❷ Nun die Linsendose öffnen und die Flüssigkeit weggießen. Etwa eine Tasse Wasser in einen Topf geben, die Linsen dazu und erhitzen.

❸ Den Knoblauch schälen und mit dem Lauch, den Kartoffelstückchen und der Instantbrühe zu den Linsen geben. Alles etwa 15 Minuten bei mittlerer Hitze köcheln lassen. Wenn die Kartoffeln gar sind (probieren!), den Herd ausschalten, die Knoblauchzehe entfernen, Zitronensaft und Öl unterrühren – schon fertig.

Schnelle Käsesuppe

Etwas Warmes braucht der Mensch – am besten einen dicken Pott voll! Dann mit warmen Socken vor die Glotze, so stellt man sich den Abend vor. Für Couchpotatoes gibt es dazu ein tolles Gericht.

für 2

Das brauchst Du
- *3 dünne Stangen Lauch*
- *300 g Schmelzkäse*
- *200 ml Vollmilch*
- *2 TL Crème fraîche*
- *Salz, Pfeffer*

- *Größeren Topf, scharfes Messer, Pürierstab*

So geht's

❶ Zunächst mußt Du den Lauch vorbereiten: äußere grüne Blätter und Wurzelstrunk entfernen, dann gründlich waschen (vorher oben kreuzweise einschneiden, damit der ganze Sand entfernt wird) und in dünne Ringe schneiden. 1/2 Liter Wasser mit einer Messerspitze Salz aufsetzen, die Lauchringe dazugeben und weichkochen, das dauert ca. 15 Minuten.

❷ Die Milch dazugeben und zum Schluß den Schmelzkäse. Alles verrühren und bei kleiner Hitze ein paar Minuten ziehen lassen. Dann mit dem Pürierstab zu einer samtigen Creme verarbeiten. Herd ausschalten und 2 Teelöffel Crème fraîche unterrühren.

❸ Am besten schmeckt frisches Brot mit Butter dazu.

schlauchig!

Der Haushalt kann ganz schön schlauchig sein: Elisabeth Meinhart und A. R. Daniels bei der Küchenarbeit.

Nudeln mit Tomatensauce

Okay, am schnellsten kocht immer noch Mama Miracoli. Aber auch ein selbstgemachtes Nudelgericht dauert keine Ewigkeit – und schmeckt einfach köstlich. Wichtig für ein befriedigendes Nudelerlebnis: immer schön viel Sauce machen.

So geht's

❶ Zwiebel schälen und würfeln, Knoblauch pellen und zerkleinern. Beides mit 2-3 Eßlöffeln Olivenöl bei schwacher Hitze im kleineren Topf brutzeln. Dann Hitze hochdrehen und die Tomaten dazugeben. Nette Menschen entfernen vorher die Stielenden.

❷ Einen Teelöffel Salz und – Achtung, nur für Leute, die's scharf mögen – 1/2 Chilischote entkernen, waschen, kleinschneiden und dazugeben. Am leckersten wird die Sauce, wenn sie schön lange einkocht. Nach Geschmack mit Salz und Pfeffer nachwürzen. Wer mag, kann auch noch getrocknete Kräuter wie Oregano oder Kräuter der Provence dazugeben.

❸ Einen Topf mit Wasser füllen und zum Kochen bringen. Dann einen Eßlöffel Salz und die Nudeln dazugeben und nach Packungsanweisung kochen. Abschütten und mit der heißen Sauce servieren. Wer mag, streut geriebenen Parmesankäse drüber.

Das brauchst Du

für 2

- *1 gr. Dose geschälte Tomaten*
- *250 g Nudeln*
- *1 kl. Zwiebel*
- *1/2 kl. rote Chilischote*
- *3 EL Olivenöl*
- *1 Knoblauchzehe*
- *Parmesankäse*
- *Salz, Pfeffer*

- *Größeren Topf, kleineren Topf, Sieb zum Abschütten der Nudeln*

Star-Rezept von

Maren Thurm

Maren Thurm ist Barbara Graf und ißt für ihr Leben gern Pasta.

Maren Thurm studierte erst vier Jahre lang auf einer Schauspielschule und arbeitete dann acht Jahre an Bühnen in ganz Deutschland. Sie spielte u. a. die Luise in „Kabale und Liebe", die Desdemona in „Othello" und Lady Anne in „Richard III". Danach war die Zeit reif für einen Wechsel: „Ich wollte unbedingt Film- und Fernsehrollen spielen." 1995 geht ihr Wunsch in Erfüllung: Sie bekommt ihre erste TV-Rolle in der Serie „Frauenarzt Dr. Markus Merthin".

Seit Januar 1996 (Folge 904) spielt Maren Thurm die Barbara Graf in GZSZ. Barbara hat sich im Laufe der Jahre radikal gewandelt. War sie anfangs noch egoistisch, intrigant und berechnend, so hat sie mittlerweile erkannt, daß Freundschaft wichtiger ist als Macht, Reichtum und Ansehen. Barbara ist eine warmherzige Partnerin, hat aber in der Liebe viel Pech. Nach der gescheiterten Affäre mit Jo Gerner, der sie schamlos hintergeht, wird sie zur Alkoholikerin. Ihre liebe Mühe hat Barbara auch mit ihrer Schwester Sonja.

Ein Hobby von Maren Thurm ist Tanzen. Vom Streß am Set entspannt sie sich mit Yoga und Lesen. Außerdem geht sie gerne ins Kino und interessiert sich für ferne Länder. Maren ist Hobbyköchin aus Passion. Sie mag vor allem unkomplizierte Pasta-Gerichte.

Gnocchi al gorgonzola

So geht's

❶ Einen Topf zu 2/3 mit Wasser füllen und zum Kochen bringen.

❷ Unterdessen den Gorgonzola in kleine Würfel schneiden. Bei schwacher Hitze in einer Pfanne mit der Butter vorsichtig schmelzen. Langsam und unter ständigem Rühren die Sahne und den Parmesankäse dazugeben. Mit Salz und Pfeffer abschmecken.

❸ Einen Teelöffel Salz und die Gnocchi in das kochende Wasser geben. Sobald alle Gnocchi an die Wasseroberfläche gestiegen sind, herausnehmen oder abschütten und mit der heißen Käsecreme verrühren. Sofort servieren. Schmeckt göttlich gut und ist wahnsinnig sättigend.

Das brauchst Du

für 2

- *1-2 Päckchen frische Gnocchi aus dem Kühlregal*
- *200 g Gorgonzola*
- *1 Becher Sahne (ca. 200 g)*
- *3 EL Butter*
- *3 EL geriebenen Parmesankäse*
- *Salz, Pfeffer*

- *Topf, Pfanne, Sieb zum Abgießen*

Heringsstipp mit Pellkartoffeln

Selbstgemacht oder fertig gekauft, das ist hier die Frage. Du machst für den „schnellen Feierabend" gleich Beides. Nämlich selbst gekauft und selbst verfeinert. Voilà, es kann losgehen.

Das brauchst Du

für 2

- *400 g kl. Kartoffeln (festkochende Sorte)*
- *1 Dose Matjesfilets in Sahnesauce*
- *1 gr. Zwiebel*
- *1 säuerlichen Apfel*
- *2 dicke Gewürzgurken*
- *1 Becher Schmand oder Joghurt*
- *1 Bund Dill*
- *Salz, Pfeffer*

- *Schüssel, Topf, Messer*

So geht's

❶ Für die Pellkartoffeln werden die Kartoffeln gründlich gewaschen und mit Wasser und einem Teelöffel Salz in einen Topf gegeben. Bei voller Temperatur aufsetzen, und wenn das Wasser kocht auf mittlere Hitze herunterschalten.

❷ Inzwischen die Matjesfilets aus der Sauce nehmen und in mundgerechte Stücke schneiden. Mit der Sauce und dem Schmand in eine Schüssel geben. Die geschälte und in Ringe geschnittene Zwiebel, die in Scheiben geschnittenen Gurken dazugeben. Den Apfel waschen, vierteln, entkernen, in nicht zu kleine Stücke schneiden und ebenfalls hinein geben. Dill waschen, mit Küchenkrepp trocknen und klein schneiden oder zupfen. Alles zusammen gut verrühren.

❸ Mittlerweile sind sicher gut 15-20 Minuten vergangen. Mit der „Gabel-Gar-Probe" prüfst Du, ob die Kartoffeln gar sind. Dann das Wasser abgießen und alles servieren.

TiP

Mit Bohnen wird der Heringsstipp mit Pellkartoffeln ein richtiges Festtagsessen. Dazu 300 g Bohnen (gewaschen, geputzt) mit einem Teelöffel Salz, Pfeffer und Bohnenkraut (frisch oder getrocknet) in Wasser aufsetzen. Kocht das Wasser, die Bohnen auf mittlerer Hitze noch ca. 15 Minuten bißfest garen.

Scharfe Bohnen

Feierabend? Und der/die Liebste kommt gleich? Dann sind die scharfen Bohnen genau das Richtige. Schmeckt anregend lecker und geht fix.

So geht's

❶ Die Bohnen auftauen und einmal durchschneiden. Die Tomaten waschen und achteln, dabei die Stielansätze herausschneiden. Nun den Knoblauch und die Zwiebeln schälen und in möglichst dünne Scheiben schneiden. Die Chilis aufschlitzen, entkernen, waschen und ebenfalls in ganz dünne Ringe schneiden.

❷ Jetzt das Öl erhitzen und darin die Knoblauch-, Zwiebel- und Chilischeiben etwa eine Minute glasig dünsten.

❸ Die Bohnen und die Tomaten einrühren und für 5-10 Minuten auf mittlerer Hitze dünsten lassen.

❹ Vor dem Servieren die Sojasauce, Sambal Oelek (Vorsicht: scharf!) und den Essig hinzugeben und alles mit Salz, Pfeffer und eventuell noch einer Prise Zucker abschmecken – fertig.

für 2

Das brauchst Du

- *300 g grüne Bohnen (tiefgekühlt)*
- *200 g Tomaten*
- *2 Knoblauchzehen*
- *3 kl. Zwiebeln*
- *2 frische Chilischoten*
- *1 TL Sambal Oelek*
- *1 EL Sojasauce*
- *1 EL Balsamessig*
- *2-3 EL Öl*
- *Salz, Pfeffer, Zucker*

- *große Pfanne oder Wok, scharfes Messer*

Kartoffelbrei mit Käse

Dieses Gericht fällt eindeutig in die Kategorie „Schweinereien" (könnte somit auch im Kapitel „Kummerküche" stehen): für Gourmets absolut inakzeptabel, für ausgehungerte menschliche (vorwiegend männliche) Wesen mit wenig Lust auf Etikette der Himmel auf Erden!

für 2

Das brauchst Du

- *Fertigpackung Kartoffelpüree mit Milch (Menge je nach Hunger)*
- *1 gr. Stück Käse, mind. 250 g (z.B. jungen Gouda)*
- *2 El Butter*
- *Pfeffer*

- *Topf, Reibe*

So geht's

❶ Da alles sehr schnell geht, richtest Du am besten zuerst Deinen Eßplatz ein (Gabel, Teller, Bier, Zeitung, Fernseher, Computer – was man eben so braucht). Dann reibst Du schon mal den Käse.

❷ Jetzt erst bereitest Du den Kartoffelbrei nach Packungsangabe zu. Auf den fertigen Brei gibst Du die Butter und eine Prise Pfeffer, den geriebenen Käse und rührst alles ordentlich, aber flott durch.

Wenn Du Kartoffelpüree selbst machen möchtest: wie es geht, liest Du auf Seite 126!

Kartoffelsuppe exquisit

Kartoffelsuppe kochen kann eine langwierige Sache sein. Eine Tütensuppe geht zwar blitzschnell, ist aber eine dünne Angelegenheit. Wir zeigen Dir, wie man in einer halben Stunde ein richtiges Gourmetgericht aus der Tüte zaubert. Wer keine Krabben mag: Mit zwei kleingeschnittenen Brühwürstchen schmeckt die Suppe auch köstlich.

So geht's

❶ Staudensellerie waschen und die Blätter entfernen. Die kommen später auf die Suppe. Die Stangen solltest Du jetzt in dünne Scheiben schneiden und mit einem Eßlöffel Öl in einem Topf bei mittlerer Hitze weich dünsten.

❷ Den Weißwein dazugießen, 2 Minuten köcheln lassen, dann 400 Milliliter Wasser und die Sahne reinschütten, Hitze hochdrehen und Suppe aufkochen lassen. Dann nimmst Du den Topf vom Herd.

❸ Das Kartoffelsuppen-Pulver mit dem Schneebesen oder einer Gabel einrühren, Krabben untermischen und alles zusammen nochmal ungefähr 5 Minuten bei schwacher Hitze ziehen lassen.

❹ Suppe probieren und mit einer Prise Muskat, einer Prise Pfeffer und evtl. noch etwas Salz abschmecken. Zum Servieren die Suppe in die Teller füllen und mit Sellerieblättchen bestreuen. Dazu paßt knackiges Weißbrot, z. B. Ciabatta.

für 2

Das brauchst Du

- *1 Tüte Kartoffelsuppe (für 500 ml Flüssigkeit)*
- *3 Stangen Staudensellerie*
- *100 g Sahne*
- *100 ml Weißwein*
- *ca. 100 g Krabben (am besten tiefgekühlt)*
- *1 El Öl*
- *Salz, Pfeffer, Muskat*

- *Topf, scharfes Messer, Schneebesen*

Schlemmen wie

EDLE GERICHTE FÜR 4 PERSONEN

Wichtiger Besuch hat sich angekündigt. Du möchtest Deinen Freunden ein superfeines Essen auftischen, schlemmen wie im Fasan, dem Nobelrestaurant Deiner Lieblingsserie. Wenn Du ein paar Tricks draufhast, ist das auch für Küchenanfänger überhaupt kein Problem. Versuch's mal.

GUTE ZEITEN SCHLECHTE ZEITEN

im Fasan

Star-Rezept von

F. T. Mende

F. T. Mende ist Clemens Richter und ißt für sein Leben gern Ente.

Frank-Thomas Mende – von allen kurz F. T. genannt – ist Schauspieler aus Passion. Schon nach dem ersten Theaterbesuch (mit sechs Jahren) stand für ihn fest: Ich will zur Bühne! Er studierte Theaterwissenschaften, Germanistik, Anglistik und Philosophie. Während des Studiums nahm er auch Schauspielunterricht. F. T. spielt(e) in vielen Theaterstücken und Fernseh-Produktionen mit (unter anderem „Café Skandal", „Bettkantengeschichten" und „Wartesaal zum kleinen Glück"). Der Mann ist ein Workaholic. Tagsüber steht er vor der Kamera und abends auf der Bühne. Wie schafft er das nur? „Die Arbeit macht mir eben Spaß", antwortet F. T. knapp.

In GZSZ ist F. T. Clemens Richter. Er ist von Beginn an dabei und sprach den vielsagenden ersten Satz: „Was ist denn?" Clemens Richter ist einerseits ein verantwortungsvoller Familienmensch, andererseits ein tougher Geschäftsmann. Ihm gehört die Stadtillustrierte „City Lights". Nach der Scheidung von seiner Frau und dem mysteriösen Verschwinden seines Sohnes Heiko bleibt er allein in seiner großen Altbauwohnung zurück. Der Kummer legt sich, als er seinen Neffen Frank Richter und dessen Stiefkinder Alex und Cora bei sich aufnimmt. Später lernt er Anna Meisner kennen und verliebt sich in die viel jüngere Frau.

F. T. lebt als Single in einer großen Berliner Altbauwohnung. Er ist aber nicht alleine. „Ich habe einen großen Freundeskreis. Außerdem lese ich viel, höre Musik und gehe schwimmen."

Ente mit Zucchini-Aprikosen-Gemüse

Das brauchst Du *für 4*

- *600 g Entenbrust*
- *3 kl. Zucchini*
- *1 kl. Dose Aprikosen*
- *1 Frühlingszwiebel*
- *2 EL Öl*
- *1/2 TL Instantbrühe*
- *1 EL Balsamessig*
- *1 TL Estragon*
- *Salz, Pfeffer, Zucker*

- *Große Pfanne, Topf, Messer*

So geht's

❶ Zucchini waschen und in Scheiben schneiden, Aprikosen achteln. Die Frühlingszwiebel waschen, Wurzelansatz und äußere Blätter entfernen, kleinschneiden.

❷ Du erhitzt 2 Eßlöffel Öl in einem Topf und gibst Frühlingszwiebel, Zucchini und Aprikosen hinein. Bei großer Hitze anbraten, dann auf kleine Hitze stellen, salzen, einen Teelöffel Estragon hinzufügen und 5-10 Minuten garen lassen.

❸ Unterdessen die Entenbrüste salzen und pfeffern und in einer Pfanne mit etwas Öl von jeder Seite ca. 10 Minuten braten. Fleisch aus der Pfanne nehmen.

❹ Einen halben Teelöffel Instantbrühe in 1/8 Liter Wasser auflösen und mit einem Eßlöffel Essig und je einer Prise Salz, Pfeffer und Zucker in der Pfanne kurz aufkochen. Zum Servieren die Entenbrust in Scheiben schneiden und mit dem Gemüse auf den Tellern anrichten. Sauce extra reichen. Dazu schmecken Herzoginnen-Kartoffeln (Foto), die man tiefgefroren kaufen und im Backofen erhitzen kann.

Vitello tonnato

„Vitello" ist italienisch und bedeutet „Kalbfleisch", und „tonnato" heißt so viel wie „mit Thunfisch". Damit ist die helle Sauce gemeint, mit der das kalte Fleisch bestrichen wird und die hauptsächlich aus püriertem Thunfisch besteht. Eine klassische italienische Vorspeise, die aber mit Salat und Brot auch ein feines, kleines Hauptgericht abgibt.

Das brauchst Du *für 4*

- *12-14 Scheiben Kalbsbraten (Metzger oder Fleischtheke)*
- *2 eingelegte Sardellenfilets (Anchovis)*
- *1 Dose Thunfisch ohne Öl*
- *1 Eigelb*
- *3 EL Kapern*
- *2 unbehandelte Zitronen*
- *1 EL Weißweinessig*
- *2 EL Olivenöl*
- *1 TL Instantbrühe*
- *Salz, Pfeffer*

- *Topf, Küchenmaschine oder Pürierstab, scharfes Messer*

So geht's

❶ Für die Thunfischsauce mußt Du die Sardellenfilets kleinschneiden und mit Thunfisch, Eigelb, 2 Eßlöffeln Kapern, dem Saft einer Zitrone und dem Weißweinessig im Mixer oder mit dem Pürierstab zu einer glatten Masse verarbeiten. Nach und nach das Olivenöl und die in einer Tasse mit kaltem Wasser aufgelöste Instantbrühe einfließen lassen. Salzen, pfeffern und alles zu einer glatten, sämigen Sauce verrühren.

❷ Jetzt die Bratenscheiben mit der Sauce übergießen und für 3-4 Stunden zugedeckt kalt stellen. Zum Schluß noch mit den restlichen Kapern und nach Geschmack mit dünnen Zitronenscheiben dekorieren. Dazu ißt man Baguette.

Tip

Wer etwas mehr Zeit und Geld investieren möchte, nimmt statt des Bratens frische Kalbsnuß. Die wird mit einer geviertelten Zwiebel, einem Teelöffel Salz und einem Glas Weißwein in einem Topf mit Wasser kurz aufgekocht und dann bei schwacher Hitze eine Stunde gegart. Abkühlen lassen und in Scheiben schneiden.

Kürbiscremesuppe mit Ingwer

Tiefes, cremiges Orange, ein leicht exotischer Duft: Die Kürbiscremesuppe ist eine sehr ästhetische Angelegenheit. Daß sie darüber hinaus auch von Küchen-Rookies leicht zu bewältigen ist, macht sie noch attraktiver!

So geht's

❶ Zunächst schälst Du die Zwiebel und schneidest sie in möglichst kleine Würfel. Die gibst Du zusammen mit der Butter in einen Topf und dünstest sie bei mittlerer Hitze, bis sie glasig sind.

❷ Unterdessen holst Du die Kerne aus dem Kürbis und wirfst sie weg. Das Kürbisfleisch löst Du mit einem Löffel aus und gibst es zu den Zwiebeln in den Topf. Jetzt die Ingwerwurzel schälen, fein hacken und zusammen mit dem Kürbis dünsten. Das Ganze mit einem Liter heißer Brühe aufgießen (einen Liter Wasser warmmachen und 3 Teelöffel Instantbrühe dazugeben) und ca. 30 Minuten bei schwacher Hitze köcheln lassen. Der Kürbis zerfällt von allein.

für 4

Das brauchst Du

- *1 kg Kürbis*
- *1 kleine Ingwerwurzel (100-150 g, Gemüsetheke)*
- *2 EL Sonnenblumen- oder Kürbiskerne (Supermarkt oder Reformhaus)*
- *1 EL Crème fraîche*
- *1/2 Zitrone*
- *1 Zwiebel*
- *2 EL Butter*
- *3 TL Instantbrühe*
- *1 Bund Petersilie*
- *Salz, Pfeffer*

- *Größeren Topf, kleine Pfanne, Pürierstab oder feinmaschiges Sieb, Messer*

❸ Unterdessen die Sonnenblumen- bzw. Kürbiskerne in der Pfanne bei mittlerer Hitze und ohne Fett rösten, bis sie anfangen zu duften. Vorsicht: Erst passiert eine Weile nichts, dann werden die Kerne schnell braun!

❹ Dann pürierst Du die Kürbissuppe mit dem Pürierstab. Wenn Du keinen hast, drückst Du die Masse durch ein Sieb. Und jetzt erst kommen die Gewürze dazu, also der Pfiff: Crème fraîche und der Saft einer halben Zitrone werden zuerst untergerührt, dann Salz und Pfeffer – immer ein bißchen rein, rühren, probieren. Vor dem Servieren mit einem Klacks Crème fraîche verzieren, die gerösteten Kerne über die Suppe streuen und, wenn Du magst, auch feingehackte Petersilie.

Star-Rezept von

Wolfgang Bahro

Wolfgang Bahro ist Hans-Joachim „Jo" Gerner und ißt für sein Leben gern französisch.

Der gebürtige Berliner studierte Psychologie und Theaterwissenschaften. Nebenbei nahm er Schauspielunterricht. Wolfgang Bahro spielte auf allen Berliner Theaterbühnen. Vor allem das Kabarett („Distel", „Stachelschweine", „Wühlmäuse") war sein Ding. Er stand auch schon oft vor der Kamera (z. B. „Verführung", „Der Hausgeist", „Die Didi-Show" und „Die Durchreise").

Wolfgang Bahro spielt in GZSZ seit November 1992 Dr. Jo Gerner. Der ist ein Fiesling, wie er im Buche steht. Der hinterhältige Anwalt hat viele Feinde, denn er intrigiert, macht zwielichtige Geschäfte und mischt sich in die Angelegenheiten anderer Leute ein. Gerner nutzt jeden ohne Rücksicht auf Verluste aus, darunter Barbara Graf und deren Schwester Sonja. Einziger Pluspunkt: Gerner ist sehr kinderlieb.

Privat verbringt Wolfgang Bahro soviel Zeit wie möglich mit seiner Familie und Freunden. Sein großes Hobby ist das Schreiben. Er arbeitet gerade an einem Buch. Wolfgang Bahro ist Hobbytaucher, mag Star Treck und baut Marionetten. Pläne? „Neben der Schauspielerei reizt mich der Beruf des Regisseurs ungeheuer."

Coq au vin

So geht's

❶ Zuerst mußt Du das Fleisch waschen und mit Küchenpapier trockentupfen. Dann salzt und pfefferst Du alles kräftig und bestäubst die Stücke mit Mehl.

❷ Jetzt schneidest Du den Speck in kleine Würfel, schälst die Schalotten und röstest beides zusammen in einem Topf unter Rühren hellgelb.

❸ Alles aus dem Topf nehmen, dann darin das Öl erhitzen und die Geflügelteile von allen Seiten kräftig bei hoher Temperatur anbraten. Den Thymianzweig, das Lorbeerblatt, den Speck und die Schalotten hinzugeben und eine Flasche Rotwein darübergießen. Alles zugedeckt bei schwacher Hitze etwa eine Stunde köcheln lassen. Wenn Du viel Sauce magst, gibst Du einfach noch mehr Rotwein dazu. Vor dem Servieren mit Salz und Pfeffer abschmecken und am besten warmes Baguette dazu reichen.

Das brauchst Du

für 4

- *4 Hähnchenkeulen*
- *4 Hähnchenbrustfilets*
- *500 g Schalotten (Zwiebelart)*
- *100 g durchwachsenen Speck*
- *1 Flasche Rotwein (trocken)*
- *1 EL Mehl*
- *1 EL Öl*
- *1 Zweig Thymian*
- *1 Lorbeerblatt*
- *Salz, Pfeffer*

- *Pfanne, größeren Topf, Messer*

für 4

Das brauchst Du

- *4 Lachskoteletts (à 200 g)*
- *100 ml Weißwein*
- *100 g Sahne*
- *1-2 Zitronen*
- *3 EL Butter*
- *1 EL Öl*
- *1 EL Mehl*
- *2 EL Crème fraîche oder Schmand*
- *1 Bund frisches Basilikum*
- *möglichst ein paar Safranfäden*
- *Salz, weißen Pfeffer*

- *Große Pfanne, Topf, Schneebesen, kleines Messer oder Schere, Zitronenpresse*

Beilagen

z. B. Salat, Reis oder Baguette

Lachskoteletts mit Zitronen-Basilikumsauce

Ein Fischgericht ist so ziemlich das letzte, was man sich als Kochanfänger zutraut. Dabei muß man nur den richtigen Fisch nehmen. Lachskoteletts sind nicht so furchtbar teuer, schmecken köstlich und machen unglaublich Eindruck.

So geht's

❶ Die Lachskoteletts werden gewaschen und mit Küchenpapier trockengetupft. Das Basilikum wird ebenfalls gewaschen und in feine Streifen geschnitten. Das geht am einfachsten mit einer Schere!

❷ Wenn Du Reis servieren willst, jetzt aufsetzen (S. 126).

❸ Dann widmest Du dich der Sauce: 3 Eßlöffel Butter und einen Eßlöffel Mehl in einen Topf geben und vorsichtig erhitzen. Immer schön mit dem Schneebesen rühren. Dann gibst Du nach und nach den Weißwein hinein, bleibst bei mittlerer Hitze. Das Mehl klumpt erst zusammen und wird dann wieder cremiger. Nun preßt Du die Zitrone aus und gibst 3 Eßlöffel Saft in die Sauce – rühren nicht vergessen! – anschließend nach und nach die Sahne. Jetzt schaltest Du runter auf niedrige Hitze, gibst eine Messerspitze Salz, Pfeffer und ein paar Safranfäden hinein – die bringen eine schöne gelbe Farbe.

❹ Jetzt erhitzt Du einen Eßlöffel Öl in der Pfanne und brätst die Lachskoteletts darin: erst bei großer Hitze schnell auf beiden Seiten anbraten, dann runterschalten und nochmal etwa 5 Minuten garen.

❺ In die Sauce wird nun die Crème fraîche eingerührt und die Hälfte des Basilikums. Mit dem Schneebesen nochmals schön schaumig schlagen, dann Lachs mit Sauce und dem restlichen Basilikum servieren!

Schnitzel in Cornflakes-Kruste

Knusper knusper Knäuschen, wer knuspert an meinem – Schnitzel?! Warum nicht das Fleisch mal ganz anders aufpeppen als mit Mutters guter alter Panade? Und was fürs Frühstück gut ist, kann am Abend ja wohl kein Fehler sein, oder?

für 4

Das brauchst Du

- *4 Schweine- oder Putenschnitzel à 200 g*
- *2 Eier*
- *2 EL Öl*
- *2 Zitronen*
- *6 EL Cornflakes*
- *Salz, Pfeffer*

- *Pfanne (möglichst beschichtet), Pfannenwender*

Beilagen

Salat oder Gemüse (S. 127), Bratkartoffeln (S. 126) oder nur Baguette

So geht's

❶ Die Schnitzel kalt abwaschen und mit Küchenpapier abtupfen. Salzen und pfeffern. Die aufgeschlagenen Eier in einem tiefen Teller verquirlen und die Schnitzel darin wenden.

❷ Cornflakes zerbröseln (geht gut, wenn man sie in ein Küchentuch gibt und dann mit der Hand oder einer Flasche kleindrückt) und dick von beiden Seiten auf die Schnitzel drücken. Die Brösel kleben am Ei.

❸ Jetzt erhitzt Du das Öl in einer Pfanne. Die Schnitzel in die Pfanne geben und bei mittlerer bis starker Hitze zunächst auf jeder Seite eine Minute braten, dann bei niedriger Temperatur noch ca. 4 Minuten garen. Vorsichtig wenden, damit die leckere Kruste nicht „verletzt" wird!

Erinnert Ihr Euch an Folge 1506? Alex gesteht Vanessa mit schlechtem Gewissen, daß er es war, der das Schild „Seuchengefahr" an den „Fasan" geklebt hat.

Star-Rezept von

Oliver Petszokat

Oliver Petszokat ist Ricky Marquart und ißt gerne scharfe Sachen.

Oliver hat schon als zehnjähriger Knirps seine Leidenschaft fürs Tanzen entdeckt. 1995 wurde der quirlige Berliner Deutscher Meister im Turniertanz. Ein Jahr später startete er seine Schauspielkarriere in der Daily Soap „Alle zusammen – Jeder für sich". Oli verließ die Schule und nahm Gesangsunterricht – und das zahlte sich aus: „Liebe machen" nannte er seine erste Single. Seine aktuelle Single „Flugzeuge im Bauch" kletterte innerhalb kürzester Zeit auf Platz 1 der deutschen Charts. Seit November 1998 ist sein Album „Mein Tag" im Handel.

Seit dem 21. Januar 1998 (Folge 1396) spielt Oli (geb. am 10.8.1978) bei GZSZ den kleinen Gauner Ricky Marquart – ein liebenswerter Lebenskünstler, der es seinem Charme verdankt, daß seine Mitmenschen ihm seine kleinen Trickserеien immer wieder verzeihen. Ricky verliebt sich in Nataly. Beide gehen eine stürmische Beziehung ein.

Privat geht Oliver das Tanzen über alles, außerdem spielt er gerne Basketball und ist HipHop-Fan. Er liebt seinen Beruf und fühlt sich im GZSZ-Team so wohl, „weil wir eine große Familie sind".

Pfeffergeschnetzeltes mit Klößen und Salat

Das brauchst Du
für 4

- *1 Packung Klöße im Kochbeutel*
- *600 g Schweinefleisch (am besten Filet)*
- *3 Becher Sahne (ca. 600 g)*
- *100 ml Weißwein*
- *2 EL Öl*
- *3 EL Mehl*
- *2 TL Instantbrühe*
- *2 EL grünen Pfeffer (im Glas)*
- *etwas Petersilie zum Verzieren*
- *Salz, Pfeffer*
- *Für den Salat: Salatkopf, Gurke, Radieschen*

- *Große Pfanne (möglichst beschichtet), großen Topf, 2-3 Schüsseln, scharfes Messer*

So geht's

❶ Für den Salat die Salatblätter waschen, abtropfen lassen und klein zupfen. Gurke schälen und wie die gewaschenen Radieschen in Scheiben schneiden. Alles in eine Schüssel geben. Das Dressing bereitest Du nach dem Rezept auf S. 127 vor.

❷ Fleisch kleinschneiden, salzen und im Mehl wenden. Öl in einer Pfanne erhitzen und das Fleisch dazugeben. Bei großer Hitze unter Wenden bräunen. Wein dazugießen, Temperatur auf mittlere Hitze herunterschalten. 1/4 Liter Wasser mit 2 Teelöffeln Instantbrühe verrühren und in die Pfanne gießen. Sahne hinzufügen. Grünen Pfeffer in die Pfanne geben und alles bei kleiner Hitze 5 Minuten schmoren lassen.

❸ Inzwischen machst Du die Klöße, wie auf der Packung beschrieben.

❹ Bevor Du die Klöße mit dem Pfeffergeschnetzelten servierst, gibst Du das Dressing über den Salat und mengst alles gut durch.

Kühne
www.kuehne.de
So knackig sind die Gewürzgurken von Kühne.
Kühne weckt den Appetit.
Kühne
Gewürz-
gurken
Auslese, handgepackt
Gurken
Garten

TiP

Fisch ist ein bißchen empfindlich. Kauf das Fischfilet frisch und erst am Tag der Zubereitung. Wenn Du nicht gleich nach Hause gehst, laß Dir Eis in die Tüte packen.

Fischfilet mit Orangensauce

Im GZSZ-Restaurant „Fasan" kommen meist teure Edelfische wie Seezunge und Loup de Mer auf den Tisch. Aber auch mit wenig Geld in der Tasche kann man super Fischmenüs zaubern. Sogar mit einem 08/15-Flossentier kannst Du Eindruck schinden, wenn es z. B. in einer schrillen Hingucker-Sauce schwimmt.

für 4

Das brauchst Du

- *4 Fischfilets à 150-200 g*
- *150 g Butter*
- *1 frische Peperoni*
- *6 große Orangen*
- *1 Zitrone*
- *1 Glas Weißwein*
- *Rote Pfefferkörner (türkischer Supermarkt)*
- *Salz, Pfeffer*

- *Pfanne (möglichst beschichtet), kleinen Topf, Zitruspresse, Pfannenwender, Schneebesen*

So geht's

❶ Nachdem der Fisch abgewaschen und mit Küchenpapier trockengetupft ist, beträufelst Du ihn mit dem Saft einer halben Zitrone. Salzen und pfeffern. Peperoni entkernen, waschen, und kleinschneiden.

❷ Für die Sauce werden fünf Orangen ausgepreßt, die sechste wird filetiert. Dazu schneidest Du die Schale mit einem scharfen Messer großzügig bis auf das Fruchtfleisch ab. Mit der Messerspitze schneidest Du dann entlang der Zwischenhäute und trennst die Orangenfilets einfach heraus.

❸ Jetzt gießt Du den Orangensaft in einen kleinen Topf und läßt ihn etwa 20 Minuten bei kleiner bis mittlerer Hitze einkochen.

Währenddessen erhitzt Du etwa 2 Eßlöffel Butter in einer Pfanne und gibst den Fisch hinein, läßt ihn von beiden Seiten bei mittlerer Hitze goldbraun darin braten.

❹ Nun kommen eine kleine Handvoll roter Pfefferkörner, die Peperoni und die Orangenfilets in die eingekochte Orangensauce. Alles gut aufkochen lassen und mit etwas Weißwein (darf nicht zu dünn werden) abschmecken.

❺ Vor dem Servieren die restliche Butter stückchenweise unter kräftigem Rühren mit dem Schneebesen (notfalls eine Gabel nehmen) in die Sauce schlagen. Den Fisch aus der Pfanne auf einen Teller legen und löffelweise die Sauce darübergeben. Dazu servierst Du knuspriges Baguette und einen Salat.

Gazpacho Andaluz

Das andalusische Gazpacho ist eigentlich eine kalte Suppe, aber dieses pikante, mediterrane Sommergericht „Kalte Suppe“ zu nennen, wäre eine Sünde. Die Spanier essen Gazpacho mittags als Haupt- oder abends als Vorspeise.

So geht's

❶ Es geht ziemlich schnell, denn eigentlich mußt Du nur alle Zutaten zusammen zu einem flüssigen Brei verarbeiten: Salatgurke schälen, entkernen und in kleine Stücke schneiden. Die Zwiebel schälen und würfeln.

❷ Die Tomaten mit kochendem Wasser übergießen, Haut abziehen und dann ebenfalls würfeln. Die Paprika entkernen, waschen und kleinschneiden.

❸ Das Gemüse (eine Handvoll beiseite legen), Paniermehl, Zwiebel und geschälten Knoblauch zusammen mit einem Eßlöffel Essig, 2 Eßlöffeln Öl, einem knappen Teelöffel Salz, einer Messerspitze Pfeffer und einer Prise Zucker im Mixer (notfalls mit dem Pürierstab) pürieren. Ist die Suppe zu dick, kann sie mit etwas Wasser verdünnt werden. Wird sie zu dünn, gibst Du einfach noch ein bißchen Paniermehl dazu. Zum Schluß eventuell mit Salz nachwürzen.

❹ Vor dem Servieren werden die getoasteten Brotscheiben gewürfelt und mit den knackigen Gemüsestückchen in die Suppe gestreut.

Das brauchst Du

für 2-4

- *1 kl. Salatgurke*
- *4 vollreife große Tomaten*
- *3 Paprika (gemischte Farben)*
- *1 Zwiebel*
- *2-3 Knoblauchzehen*
- *50 g Paniermehl*
- *1 EL Weinessig*
- *2 EL Olivenöl*
- *1-2 Scheiben getoastetes Weißbrot*
- *Zucker, Salz, Pfeffer*

- *Mixer oder Pürierstab, Toaster, scharfes Messer*

TiP

Die angegebene Menge reicht für vier Leute als Vorspeise. Für ein Hauptgericht nimm einfach die doppelte Menge. Gazpacho kannst Du gut im Kühlschrank aufbewahren.

BUFFETS UND FINGERFOOD FÜR VIELE GÄSTE

Party-Rezepte

GUTE ZEITEN SCHLECHTE ZEITEN

Du planst eine Party und möchtest Deine Gäste mal mit etwas ganz Besonderem verwöhnen? Auf den nächsten Seiten findest Du eine Vielzahl leckerer Kleinigkeiten, die nicht auf jedem Partybuffet stehen. Wie wär's mit exotischen Frikadellen oder dem mediterranen Nudelsalat, den Nadine Dehmel besonders gerne mag? Viel Spaß bei der Auswahl.

Gemüse mit Dip

Ich mag keine Möhren, ich steh total auf Sellerie und so weiter. Jeder, wie er mag – mit dem Gemüse-Dip liegt man nie falsch, da jeder sich sein Salätchen selbst zusammenstellt. Vorteil zwei: Man braucht weder Teller noch Besteck für diesen Appetizer.

Das brauchst Du für 4

- *6 dicke Möhren*
- *1 Staudensellerie*
- *2 Paprika*
- *1 Gurke*
- *1 Lattuga-Salat (oder anderen festen Salat)*
- *2 Becher Crème fraîche oder Schmand (ca. 400 g)*
- *1 Zitrone*
- *Kräuter (frisch oder getrocknet)*
- *Salz, Pfeffer*

- *Platte oder großen Teller, kleines Schälchen, scharfes Messer*

TiP

Du kannst den Dip natürlich nach Deinem Geschmack verfeinern. Mit etwas Knoblauch, Senf oder Meerrettich kannst Du auch verschiedene Dips anbieten.

So geht's

❶ Das Gemüse waschen und gegebenenfalls schälen und in dünne, lange Stifte schneiden. Die Salatblätter waschen. Alles zusammen am Rand einer Platte oder eines großen Tellers arrangieren.

❷ Für den Dip verrührst Du die Crème fraîche mit dem Saft einer Zitrone, einer Messerspitze Salz, einer Prise Pfeffer und den kleingehackten frischen Kräutern, die Du zu Hause hast (z. B. Basilikum, Dill, Petersilie, Schnittlauch). Mit getrockneten Kräutern mußt Du etwas sparsamer sein, da ihr Geschmack intensiver ist. Den Dip in ein Schälchen füllen, das in die Mitte der Platte gestellt wird. Die Gemüsestifte werden in die Hand genommen und in das Schälchen gedippt.

Fünfmal leckere Partybutter

Wenn man eine Party feiert, darf Brot mit Kräuterbutter nicht fehlen. Natürlich ist die fertige Butter aus dem Kühlregal für ganz Eilige genau richtig. Aber wer ein bißchen mehr Zeit hat, sollte mal unsere Spezial-Rezepte ausprobieren. Übrigens: Im Fünfer-Pack sieht das auch noch toll aus.

Olivenbutter (hinten rechts)
Oliven in kleine Würfel schneiden, Walnüsse fein hacken. Die Butter cremig rühren und mit allen Zutaten vermengen. Etwa 30 Minuten kühl stellen.

Das brauchst Du *für 4*
- *125 g weiche Butter*
- *12 paprikagefüllte Oliven*
- *5 Walnußkerne*
- *1 Messerspitze Salz*
- *8 Tropfen Tabasco*

Senfbutter (vorne links)
Die Butter cremig rühren und mit dem Senf und der Crème fraîche mischen. Etwa 30 Minuten kühl stellen.

Das brauchst Du *für 4*
- *125 g weiche Butter*
- *1 EL scharfen Dijon-Senf*
- *1 EL Crème fraîche oder Schmand*

Pistazienbutter (vorne rechts)
Pistazienkerne sehr fein hacken. Dann die Butter cremig rühren und mit allen Zutaten vermengen. 30 Minuten kühl stellen.

Das brauchst Du *für 4*
- *125 g weiche Butter*
- *2 EL Pistazienkerne*
- *1 Prise Zucker*
- *1 Messerspitze Salz*

Kräuterbutter (hinten links)
Die Zwiebel schälen und hacken, den Knoblauch schälen und zerdrücken. Die Butter cremig rühren und mit allen Zutaten vermengen. Etwa 30 Minuten kühl stellen.

Das brauchst Du *für 4*
- *125 g weiche Butter*
- *1 Zwiebel*
- *1 Knoblauchzehe*
- *1 EL Zitronensaft*
- *4 EL gemischte Kräuter, frisch gehackt (z. B. Petersilie, Schnittlauch und Basilikum)*

Paprikabutter (vorne Mitte)
Die Knoblauchzehe schälen und zerdrücken, am besten in der Knoblauchpresse. Die Butter cremig rühren und mit dem Knoblauch, dem Salz und dem Paprikapulver mischen. Etwa 30 Minuten kühl stellen.

Das brauchst Du *für 4*
- *125 g weiche Butter*
- *1 Knoblauchzehe*
- *1 gestrichenen TL Paprikapulver edelsüß*
- *1 Messerspitze Salz*

Das brauchst Du für 4-6

- 800 g kl. Kartoffeln (festkochende Sorte)
- 4 Zwiebeln
- 3 Äpfel
- 200 g Joghurt
- 2 EL Zitronensaft
- 1 kl. Dose Mais
- 6 Wiener Würstchen
- 6 EL Mayonnaise
- 4 EL Weinessig
- 1 TL Senf
- 1 Bund Schnittlauch
- Salz, Pfeffer, Zucker

- Großen Topf, große Schüssel, kleine Schüssel, scharfes Messer

Frischer Kartoffelsalat

Der Salat der Salate ist nicht so uncool, wie sein Name vermuten läßt. Wer von ihm spricht, tut dies oft verächtlich (Kartoffelsalat, wie langweilig!) – aber mach mal ein Party-Buffet ohne ihn, dann ist die Enttäuschung groß.

So geht's

❶ Zunächst kochst Du Pellkartoffeln. Dafür wäschst Du die Kartoffeln gründlich und gibst sie mit 2 Teelöffeln Salz und gut bedeckt mit Wasser in einen Topf. Etwa 30 Minuten kochen lassen – sie sollten gar, aber schön bißfest sein. Zwischendurch einfach mal mit einer Gabel reinpieken.

❷ Wenn die Kartoffeln gar sind, abschütten, abkühlen lassen, pellen und in Scheiben schneiden. Die Zwiebeln werden geschält, geviertelt und längs in Streifen geschnitten. Die Äpfel werden gewaschen, geviertelt – Kerngehäuse entfernen! – und ungeschält in kleine Scheiben geschnitten. Die Stücke mit einem Eßlöffel Zitronensaft beträufeln.

❸ Die Würstchen schneidest Du jetzt ebenfalls in Scheiben und gibst sie zusammen mit den Kartoffeln, dem Mais (Dosenflüssigkeit weggießen), den Zwiebeln und den Äpfeln in die Schüssel. Für die Marinade Mayonnaise, Joghurt, Essig, einen Eßlöffel Zitronensaft, Senf, Salz, Pfeffer und Zucker vermischen und über den Salat geben, durchrühren und ein paar Stunden ziehen lassen.

❹ Den Schnittlauch waschen und in rund 1 Zentimeter lange Stücke schneiden. Erst kurz vor dem Servieren unter den Salat rühren.

Tip

Total süß: Radieschenmäuse fürs Buffet. Je eine Gewürznelke für Augen und Nase, zwei Kerben für die Ohren schneiden, kleine Radieschenscheiben reinstecken.

Feuertopf

Genau das Richtige für die große Party: Ob gleich zu Beginn oder als Mitternachtsstärkung – diese Suppe ist ein feuriges Highlight für ein rauschendes Fest.

für 4–6

Das brauchst Du
- *400 g Hackfleisch*
- *3 gr. Zwiebeln*
- *1 Stange Lauch*
- *1 rote Paprika*
- *2 Möhren*
- *1 Knollensellerie*
- *je 1 kl. Dose weiße und rote Bohnen*
- *1 EL Tabasco oder Chilisauce*
- *3 EL Instantbrühe*
- *2-3 EL Öl*
- *2 TL scharfes Paprikapulver*
- *1 TL Cayennepfeffer*
- *Salz, Pfeffer, Zucker*

- *Großen Topf, Holzlöffel, Messer*

So geht's

❶ Die Zwiebeln schälen und grob würfeln. Die Lauchstange gründlich waschen und in schmale Ringe schneiden. Die Paprika entkernen, waschen und in schmale Streifen schneiden. Die Möhren schälen, waschen und in dicke Scheiben schneiden. Die Sellerieknolle schälen und würfeln.

❷ Jetzt würzt Du das Hackfleisch mit Salz, Pfeffer, einer Prise Zucker, 2 Teelöffeln Paprikapulver und einem Teelöffel Cayennepfeffer. Das Öl in einem großen Topf erhitzen und das Hackfleisch unter Rühren bei mittlerer Hitze anbraten. 3 Eßlöffel Instantbrühe in ca. 1,5 Liter Wasser anrühren, zum Hackfleisch geben. Das Gemüse hinzufügen, umrühren und alles ca. 30 Minuten bei kleiner bis mittlerer Hitze köcheln.

❸ Kurz vor Ende der Garzeit die Bohnen mit der Dosenflüssigkeit unterheben und die Suppe mit Tabasco oder Chilisauce (evtl. auch Paprika und Cayennepfeffer) abschmecken und noch mal aufkochen lassen. Dazu paßt kräftiges Bauernbrot oder Baguette.

Prickel

Auch stille Partygäste kommen auf ihre Kosten, wie Anna und Clemens, die auf dem Foto in Folge 1446 zu sehen sind – da haben sie sich gerade verliebt und wollen die Nacht zusammen in einem Hotel verbringen.

Star-Rezept von

Nadine Dehmel

Nadine Dehmel ist Nataly Jäger und ißt für ihr Leben gerne Mittelmeergerichte.

Am liebsten geht Nadine auf Reisen. „Ich ging sechs Monate auf eine Highschool in Orlando/Florida. Das war eine tolle Zeit", erzählt sie. In der Schule hat Nadine auch japanisch gelernt und ist daraufhin nach Japan gefahren, um ihre Sprachkenntnisse zu testen. Nach dem Abitur arbeitete sie einige Monate im Disneyland in Paris. Nadine (geb. am 4.1.1976) lebt in Berlin, wo sie mit ihrer Kollegin und Freundin Nina Bott eine WG gegründet hat.

Nadine (die schon 1993 als Anne Backhoff eine kleine Rolle in GZSZ hatte) ist seit dem 29. Februar 1996 als Nataly Jäger im Team. Das ebenso eigenständige wie lebenslustige junge Mädchen wohnt in einer WG mit Nico, Leon und Philip. Sie hat zwei schwere Schicksalsschläge hinter sich: eine Vergewaltigung durch ihren Chef und den Tod ihrer besten Freundin Chrissie. Nataly ist sehr hilfsbereit. Zu dem liebenswerten Gauner Ricky Marquart entwickelt sich eine Beziehung ganz besonderer Art.

Privat geht die zierliche Nadine nicht nur gerne auf Reisen. Sie tanzt und liest auch gerne, liebt vor allem ihre große Familie, (u. a. vier Halbschwestern und ein Bruder). „Das Wichtigste für mich sind Vertrauen und Liebe."

Mediterraner Nudelsalat

für 4-6

Das brauchst Du

- *500 g Penne (kurze, stiftförmige Nudeln)*
- *4 gr. Tomaten*
- *2 Fenchelknollen*
- *4 Sardellenfilets*
- *2 EL Kapern*
- *2 EL Balsamessig*
- *6 EL Olivenöl*
- *Salz, Pfeffer*

- *Topf, Sieb zum Abschütten der Nudeln, Schüssel, scharfes Messer*

So geht's

❶ Den Topf zu 2/3 mit Wasser füllen und zum Kochen bringen. Penne mit einem Eßlöffel Salz hinzufügen und etwa 12 Minuten kochen (siehe Packung), dann abgießen und gut kalt abspülen. Das ist wichtig, weil die Nudeln sonst später die ganze Sauce aufsaugen und labbrig werden.

❷ Tomaten am Stielende einritzen, mit heißem Wasser übergießen und die Haut abziehen. Dann das Fruchtfleisch kleinschneiden. Die Fenchelknollen halbieren, waschen, das Grün entfernen und zur Seite legen, den harten Strunk herausschneiden und Fenchel in feine Scheiben schneiden.

❸ Sardellenfilets kalt abspülen und längs halbieren. Die Nudeln schließlich in der Schüssel mit Kapern, Sardellen, Tomaten und Fenchel mischen. Aus 2 Eßlöffeln Essig, 6 Eßlöffeln Öl, Salz und Pfeffer eine Marinade rühren und darüberträufeln. Fenchelgrün hacken und auf den Salat streuen.

Partysalat mit Schafskäse

Das brauchst Du für 4-6

- 1 gr. Kopfsalat
- 3 Tomaten
- 2 grüne Paprika
- 2 Zwiebeln
- 250 g Fetakäse
- 3 EL Weinessig
- 1 Knoblauchzehe
- 1 TL Senf
- 6 EL Öl
- etwas Petersilie (frisch oder tiefgekühlt)
- Salz, Pfeffer

- Scharfes Messer, große Schüssel, Knoblauchpresse

Ein Partyklassiker, der je nach Kühlschranklage variiert werden kann. Wichtig ist einzig, daß das Verhältnis von leichten (Salat) und mächtigen (Käse) Zutaten stimmt – zwei (Salat) zu eins (Käse) ist ideal.

So geht's

❶ Den Salat in mundgerechte Stücke schneiden oder zupfen, dann waschen und trocknen. Das klappt mit einer Salatschleuder am besten, aber es geht auch ohne: Du nimmst einfach ein sauberes Geschirrtuch, legst den Salat hinein und schleuderst das zusammengelegte Tuch herum. Sinnvollerweise gehst Du dafür auf den Balkon, sonst wird alles naß.

❷ Tomaten waschen und achteln. Paprika entkernen, waschen und in Streifen schneiden. Zwiebeln schälen und in Ringe schneiden. Auf die Zwiebeln streust Du sofort etwas Salz und Pfeffer, das macht sie schön mild. Dann das Gemüse mit dem Salat in eine große Schüssel geben und vermischen.

❸ Aus 3 Eßlöffeln Essig, Salz, Pfeffer, Senf, 6 Eßlöffeln Öl und einer gepellten und zerdrückten Knoblauchzehe eine Marinade anrühren und mit dem Salat vermischen. Den Fetakäse schneidest Du in Würfel und gibst ihn mit der gewaschenen und kleingehackten Petersilie zum Salat. Tiefgekühlte Petersilie wird einfach darübergestreut.

Frikadellen – klassisch oder exotisch

Kleine Frikadellen oder Buletten eignen sich vorzüglich für ein Fingerfood-Buffet. Die klassische Zubereitung ist schon lecker, aber wenn Du die Fleischklöpse mal etwas schärfer und exotischer würzt, sorgst Du für eine gelungene Überraschung.

So geht's

❶ Für die klassische Zubereitung Zwiebeln schälen und reiben.

❷ Hackfleisch in einer Schüssel mit Zwiebeln, dem Paniermehl und den Eiern vermischen. Alles einmal gut durchmengen, am besten mit gewaschenen, nassen Händen.

❷ Jetzt würzt Du das Fleisch mit einem Teelöffel Salz, einer Messerspitze Pfeffer und 2 Teelöffeln Paprikapulver und knetest alles noch einmal gut durch.

❹ Dann erhitzt Du 3 Eßlöffel Öl in der Pfanne. Mit nassen Händen aus dem Hackfleisch Frikadellen in Wunschgröße formen und bei großer Hitze von beiden Seiten scharf anbraten. Weitere 5-10 Minuten bei mittlerer Hitze (je nach Größe der Frikadellen) garen.

❺ Für die exotische Variante gehst Du genauso vor, wie bei den klassischen Frikadellen. Zusätzlich gibst Du zusammen mit den Zwiebeln eine zerdrückte Knoblauchzehe, die kleingeschnittenen getrockneten Tomaten und 3 Eßlöffel Pinienkerne zum Hackfleisch. Vor dem zweiten Kneten fügst Du die exotischen Gewürze in der angegebenen Menge oder 4 Teelöffel einer fertigen Gewürzmischung, sowie einen Teelöffel Salz und 4 Eßlöffel Sojasauce hinzu. Scharf!!!

Das brauchst Du für die Klassiker

für 4-6

- *600 g Hackfleisch (halb Rind, halb Schwein)*
- *100 g Paniermehl*
- *2 Eier*
- *2 Zwiebeln*
- *3 EL Öl*
- *2 TL Paprikapulver*
- *Salz, Peffer*

- *Pfanne, Reibe, Messer*

Das brauchst Du für die Exoten

für 4-6

- *Zutaten wie bei den Klassikern, nur andere Gewürze:*
- *3 EL Pinienkerne*
- *1 Knoblauchzehe*
- *50 g getrocknete Tomaten*
- *4 EL Sojasauce*
- *1 TL Kreuzkümmel **
- *1 TL Koriander **
- *1 Messerspitze Piment **
- *2 TL Chilipulver **
- *Salz, Pfeffer*

- ** gibt es fertig als Mexiko-Gewürzmischung*

- *Reibe, Pfanne, scharfes Messer, Knoblauchpresse*

KLEINE, FEINE BISSEN FÜR 2 PERSONEN

Mitternachts-

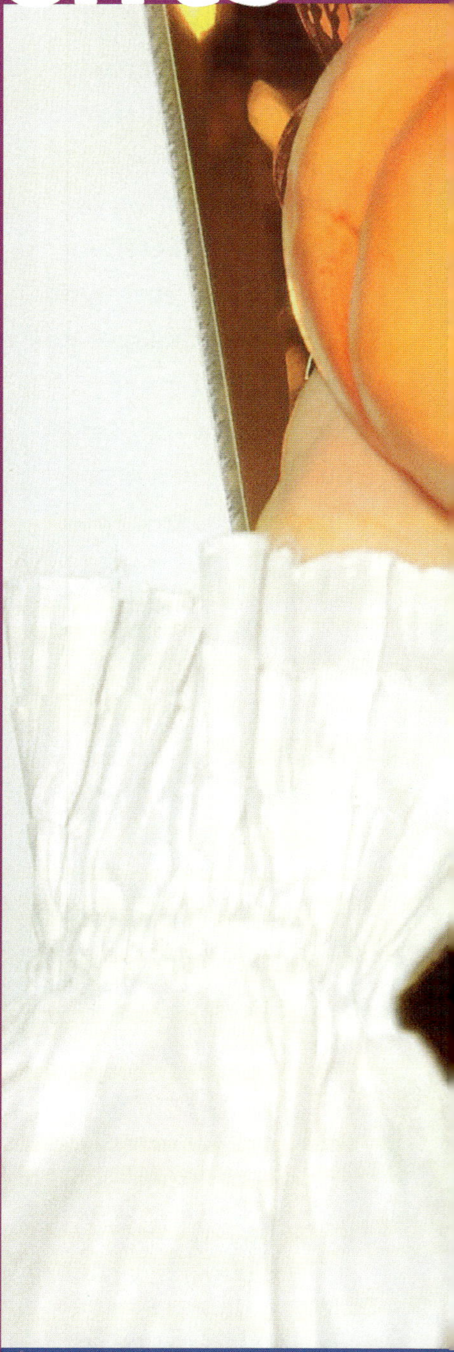

Für den kleinen Hunger gibt es keine falsche Uhrzeit. Wenn Du nachts um eins nach Hause kommst und Dein Magen knurrt, willst Du was essen. Möglicherweise bist Du ja auch nicht allein ... Was Deinem Gast schmeckt, und Dir zu später Stunde nicht zu viel Arbeit macht – das alles und noch viel mehr erfährst Du auf den nächsten Seiten.

GUTE ZEITEN SCHLECHTE ZEITEN

Snacks

Star-Rezept von

Nina Bott

Nina Bott ist Cora Hinze und ißt für ihr Leben gern Meeresfrüchte.

Gleich nach dem Abi wurde Nina zum GZSZ-Casting eingeladen. „Das war gleichzeitig meine erste Reise nach Berlin", erzählt die am 1.1.1978 geborene Hamburgerin. Danach ging alles sehr schnell. Nina bezog ihre (erste) Wohnung in der Hauptstadt. Sie wohnt mit Nadine Dehmel (Nataly Jäger) zusammen. Am Wochenende geht's allerdings zurück nach Hamburg, denn dort warten die Eltern, Bruder Tobias und ihr Freund Florian.

Seit dem 23. Oktober 1997 (Folge 1338) spielt Nina Bott in GZSZ Cora Hinze. Mit ihrem Bruder Alex zieht Cora bei ihrem Stiefvater Frank Richter ein. Cora ist sehr hübsch, aber auch ganz schön frech. So macht sie vor allem Franks Freundin Vanessa das Leben schwer. Cora ist sehr musikalisch und spielt leidenschaftlich gerne Saxophon. Als Charlie und Andy ihr einen Job in ihrem Laden anbieten, sagt Cora spontan zu.

Privat ist Nina Bott ein Sportfreak. 1995 war sie Hamburger Jugendmeisterin im Windsurfen, bei Baseball-Spielen der 1. Bundesliga agierte sie als Stadionansagerin. „Außerdem liebe ich Boxkämpfe und Formel-1-Rennen. Mein größter Traum ist es, einmal in einem Formel-1-Wagen zu fahren."

Provençalische Garnelen

Das brauchst Du *für 2*

- *12 rohe Garnelenschwänze*
- *2 Knoblauchzehen*
- *1 unbehandelte Zitrone*
- *4 El Olivenöl*
- *Chilipulver*
- *Kräuter der Provence oder Rosmarin und Thymian*
- *Salz, Pfeffer*

- *Pfanne, Messer, kleine Schüssel*

So geht's

❶ Die Garnelen waschen und trockentupfen. Mit den Kräutern, den in Scheiben geschnittenen Knoblauchzehen, einem halben Teelöffel Chilipulver und einem Eßlöffel Olivenöl in eine Schale oder einen tiefen Teller legen.

❷ Dann 3 Eßlöffel Olivenöl in einer Pfanne erhitzen und die Garnelen mit der Marinade dazugeben. Bei großer Hitze kurz (!) scharf von beiden Seiten anbraten. Die graublauen rohen Garnelen werden sehr schnell rot, was bedeutet, daß sie gar sind. Nimm sie dann sofort raus, sie werden sonst zäh – und das wäre schade, denn ein billiges Vergnügen ist es ja nun nicht gerade.

❸ Mit Öl und Kräutern auf einen Teller geben, mit Zitronenscheiben garnieren, leicht salzen und pfeffern und mit knackigem Weißbrot servieren – schmeckt phantastisch.

Bruschetta

Typisch italienisch: total einfach zubereitet und genial lecker. Im Prinzip ist Bruschetta (sprich: Brusketta) ein Brot mit Tomaten – aber eben nur im Prinzip. Sie eignet sich fürs nächtliche Gelage ebenso wie als Vorspeise.

Das brauchst Du
für 2

- *3 Tomaten*
- *2 gr. oder 4 kl. dicke Scheiben helles Brot*
- *1 EL Olivenöl*
- *1 Knoblauchzehe*
- *Salz, Oregano*

- *Scharfes Messer, Backofen oder Toaster*

So geht's

❶ Die Tomaten waschen, in kleine Würfel schneiden und salzen. Den Knoblauch pellen und halbieren.

❷ Brot im Backofen kroß rösten (notfalls auch im Toaster). Das noch heiße Brot mit dem Knoblauch einreiben, die Tomaten auf beide Scheiben häufen und mit Olivenöl beträufeln.

❸ Zum Schluß streust Du etwas Oregano darüber – fertig!

TiP

Mit weißen Bohnen (aus der Dose, kurz erhitzen) oder etwas kaltem Thunfisch wird aus der Bruschetta eine Hauptmahlzeit.

Spinat-Tortilla

„Du hast Hunger? Okay, ich mach' Dir mal eben eine Tortilla ..." Hört sich ziemlich cool an, wenn man das dem nächtlichen Gast so beiläufig anbietet, nicht wahr? Das Beste: Es geht wirklich so einfach!

für 2

Das brauchst Du

- *2 gr. Kartoffeln*
- *3 Eier*
- *150 g Blattspinat (tiefgekühlt)*
- *1 kl. Zwiebel*
- *1 EL Olivenöl*
- *1 Knoblauchzehe*
- *Salz, Pfeffer, Estragon, Muskat*

- *Kleine Pfanne mit Deckel (am besten beschichtet), Schüssel, Messer, Pfannenwender*

So geht's

❶ Den Spinat auftauen lassen (geht am schnellsten in der Mikrowelle, sonst in einem Topf mit etwas Wasser bei schwacher Hitze) und kleinschneiden. Die Kartoffeln schälen, waschen und in kleine Würfel schneiden. Knoblauch und Zwiebel schälen und kleinhacken.

❷ Das Öl in einer Pfanne erhitzen, Zwiebeln, Knoblauch und Kartoffeln darin bei mittlerer Hitze ein paar Minuten weichdünsten.

❸ Unterdessen die Eier in einer Schüssel verquirlen und mit Salz, Pfeffer, Estragon und einer Prise Muskat würzen. Den Spinat dazugeben und unterrühren. Die Masse über die Kartoffeln gießen und bei kleinster Hitze mindestens 5 Minuten lang zugedeckt stocken, d. h. fest werden lassen. Dann vorsichtig wenden und von der anderen Seite goldgelb backen. Zum Servieren wie eine Torte anschneiden.

TiP

Statt des Spinats kann man auch anderes Gemüse verwenden (Möhren, Paprika, Zucchini).

Star-Rezept von

Ralf Benson

Ralf Benson ist Fabian Moreno und ißt für sein Leben gern indonesisch.

Ein Kinobesuch brachte die Lebensplanung von Ralf gehörig durcheinander: „Nachdem ich Rainman gesehen hatte, war ich so beeindruckt von Dustin Hoffmans Leistung, daß ich Schauspieler werden wollte." Eigentlich sollte er als Industriekaufmann Karriere machen.

Ralf sammelte in der Provinz erste Erfahrungen. Auf einer Freilichtbühne in Coesfeld spielte er drei Jahre lang Musicals, in Kindervorstellungen gab er außerdem den Märchenprinzen. 1994 zog Ralf Benson nach Berlin, wo er eine private Schauspielschule besuchte. Anfang 1996 erhielt er seine erste Fernsehrolle in GZSZ, wo er seit dem 15. April 1998 (Folge 961) als Fabian Moreno zu sehen ist. „Ich fühle mich wie der Märchenprinz, den ich so oft gespielt habe."

Der gutaussehende Fabian Moreno ist Sproß einer Schaustellerfamilie. Obwohl die Frauen den Strahlemann anhimmeln, verliebt er sich in den schwulen Discjockey Philip Krüger – später zerbricht die Beziehung. Fabian steht ansonsten mit beiden Beinen im Leben. Er pachtet „Daniels Bar" und führt den Laden erfolgreich.

Privat bummelt Ralf gerne mit Freunden durch die Stadt. Er ist sehr musikalisch und singt gerne. Ralf, der am 30.4.1973 in Heiden/Westfalen geboren wurde, möchte gerne viele Länder und Kulturen kennenlernen: „Wenn ich Zeit hätte, würde ich mit dem Wohnmobil kreuz und quer durch die USA reisen." Auch in punkto Essen schaut Ralf gerne über die Landesgrenzen. Er mag exotische Leckereien, vor allem aus Indonesien.

Eier in Chilisauce

Das brauchst Du — für 2

- 4 Eier
- 2-3 Frühlingszwiebeln
- 1 rote und 1 grüne frische Chilischote
- 2 Knoblauchzehen
- 2-3 EL Sojasauce
- 1 kl. Stück Ingwer oder Pulver
- 2 EL Öl
- Salz, Pfeffer (weiß), Zucker

- Wok oder Pfanne, kleinen Topf, Knoblauchpresse, Messer

So geht's

❶ Die Eier 10-12 Minuten hart kochen, abschrecken und pellen.

❷ Die Chilischoten längs halbieren, entkernen, waschen und in feine Streifen schneiden. Frühlingszwiebeln schälen, waschen und in dünne Ringe schneiden. Knoblauch schälen und zerdrücken. Ingwerwurzel schälen und fein schneiden.

❸ Öl im Wok erhitzen. Alle Würzzutaten bei mittlerer Hitze unter ständigem Rühren 2-3 Minuten dünsten. Mit etwas Wasser ablöschen und mit einem Teelöffel Zucker die Sauce etwas eindicken.

❹ Jetzt kommen die halbierten Eier hinein. Mit Salz und weißem Pfeffer abschmecken und alles zugedeckt etwa 3 Minuten ziehen lassen. Dazu paßt Krupuk, chinesisches Krabbenbrot. Das gibt es im Supermarkt in der asiatischen Ecke oder beim Chinesen.

für 2

Das brauchst Du

- *250 g Spaghetti*
- *2 Eier*
- *100 g durchwachsenen Speck*
- *50 g Parmesankäse, gerieben*
- *Salz, Pfeffer, evtl. 3 EL Sahne*

- *Pfanne, Topf, Schüssel, Sieb zum Abschütten der Nudeln*

Spaghetti alla carbonara

Neben Spaghetti Bolognese einer der ältesten Import-Knüller aus Italien. Wer aber glaubt, es handle sich dabei um eine Sahnesauce, irrt: Das Original-Rezept (also dieses hier) sieht nur Eier, Speck und Käse vor.

So geht's

❶ Zunächst schneidest Du den Speck in kleine Würfel und brätst ihn ohne Fett knusprig. Danach die Pfanne vom Herd nehmen.

❷ In einer Schüssel verquirlst Du die Eier mit dem Parmesan.

❸ Dann füllst Du den Topf zu 2/3 mit Wasser und bringst es zum Kochen. Einen Eßlöffel Salz und die Nudeln hineingeben und nach Packungsangabe kochen.

❹ Wenn die Nudeln fertig sind, schüttest Du sie in ein Sieb, läßt sie kurz abtropfen und gibst sie zurück in den Topf (nicht mehr auf den Herd stellen). Den gebratenen Speck und die Ei-Käse-Mischung dazugeben. Kräftig durchrühren. Nach ca. 3 Minuten ist das Ei gestockt, d. h. gar, und Du kannst eine original italienische Carbonara servieren. Wenn Du mehr Sauce willst, gibst Du einfach noch 3 Eßlöffel Sahne dazu.

Gebackener Schafskäse

Natürlich kannst Du Schafskäse auch kalt auf den Tisch bringen. Raffinierter ist es jedoch, den Käse kurz zu backen. Das kommt besonders gut an ...

für 2

Das brauchst Du

- *2 Scheiben Schafskäse (je 150-200 g)*
- *2-3 EL Paniermehl*
- *1 Ei*
- *2-3 EL Oliven- oder Sonnenblumenöl*

- *Pfanne, Pfannenwender*

So geht's

❶ Wenn Du keinen frischen Schafskäse bekommst (türkische oder griechische Läden), nimm abgepackten aus dem Supermarkt (Kühlfach). Ist das Käsestück sehr dick, kannst Du es vorsichtig mit einem größeren, scharfen Messer in zwei flachere Scheiben teilen.

❷ Das Ei auf einem Teller mit einer Gabel verquirlen. Auf einen anderen Teller streust Du das Paniermehl. Den Käse wälzt Du von beiden Seiten zuerst im Ei und dann im Paniermehl.

❸ Das Öl in der Pfanne ganz heiß werden lassen, die Scheiben hineingeben und das restliche Ei darüber verteilen. Auf mittlere Hitze zurückschalten und von beiden Seiten kroß anbraten. Beim Wenden vorsichtig sein, sonst geht die Kruste ab.

TiP

Dazu schmeckt ein Tomatensalat mit viel Zwiebeln köstlich. Während der Käse brät, schneidest Du Tomaten und Zwiebeln in Scheiben, gibst Salz, Pfeffer und etwas Öl dazu – fertig.

Hawaii-Toast

Ein Blitz-Essen, das in den siebziger Jahren total angesagt war, so wie Käse-Igel, Erdbeer-Bowle oder Mandarinen aus der Dose. Und jetzt feiert der Hawaii-Toast das gleiche Comeback wie Hüfthosen, Plateau-Sohlen und Pullunder – echt stark!

So geht's

❶ Das Brot toasten und mit je einer halben Schinkenscheibe belegen. Einen Ring Ananas und eine Scheibe Schmelzkäse draufschichten.

❷ Die Toasts werden dann bei 200 Grad im Backofen für 5-10 Minuten (zwischendurch mal nachschauen, daß nichts anbrennt) überbacken. Heiß essen!

für 2

Das brauchst Du

- *4 Scheiben Toastbrot*
- *2 Scheiben gekochten oder rohen Schinken*
- *4 Ananas-Ringe (Dose)*
- *4 Scheiben Schmelzkäse (Scheibletten)*

- *Toaster, Backofen*

Nico und Cora schauen sich verliebt an. Sie mögen zwar vor allem raffinierte und gesunde Gerichte. Manchmal hauen sie sich gegen Mitternacht aber auch noch ein ganz spezielles Rührei in die Pfanne (siehe unten).

Das brauchst Du für 2

- *4 Eier*
- *100 ml Milch*
- *2 EL Öl*
- *1 Knoblauchzehe*
- *Paprikapulver*
- *Salz, Pfeffer, evtl. frische Kräuter*

- *Pfanne (möglichst beschichtet), Pfannenwender, Messer*

Rührei „Midnight"

Ein schnödes Rührei kann man toll aufpeppen. Zum Beispiel mit frischen Kräutern, Knoblauch und Paprika – dann wird daraus fast ein Omelett.

So geht's

❶ Ganz flott: Knoblauch pellen und in Scheiben schneiden. Eier mit Milch, einem Teelöffel Paprika und einer Messerspitze Salz verquirlen.

❷ Jetzt kannst Du das Öl in der Pfanne erhitzen. Leg erst den Knoblauch hinein und laß ihn leicht braun werden. Dann gibst Du die Ei-Mischung dazu. Besonders schön wird das Ei, wenn Du es nicht gleich in kleine Fitzel zerrührst, sondern erst ein bißchen fest werden läßt und dann vorsichtig wie ein Omelett wendest. Dann schaltest Du den Herd aus und pfefferst das Ei ordentlich.

❸ Serviere das Ei mit frischen Kräutern, wenn Du welche hast. Dazu passen alle herzhaften Brotsorten.

Penne burro e salvia

für 2

Das brauchst Du

- *250 g Penne*
- *2 EL Butter*
- *Frische Salbeiblätter (notfalls getrockneten Salbei nehmen)*
- *Salz, evtl. Parmesankäse*

- *Größeren Topf, Pfanne, Sieb zum Abschütten der Nudeln*

Wer den intensiven Geschmack von Salbei mag, sollte dieses Rezept ausprobieren. Es duftet anregend und ist total einfach zuzubereiten.

So geht's

❶ Einen größeren Topf zu 2/3 mit Wasser füllen und zum Kochen bringen. Dann einen Eßlöffel Salz und die Penne zugeben. Kochzeit siehe Packungsangabe. Die Nudeln sollten noch bißfest sein.

❷ Währenddessen einen Eßlöffel Salbeiblätter in einer Pfanne mit 2 Eßlöffeln Butter bei mittlerer Temperatur kurz anbräunen.

❸ Penne abgießen, auf Teller verteilen und die Salbei-Butter dazugeben. Wer mag, streut Parmesankäse drüber.

Süße Sachen

BUNTE REZEPTE FÜR NASCHKATZEN

GUTE ZEITEN SCHLECHTE ZEITEN

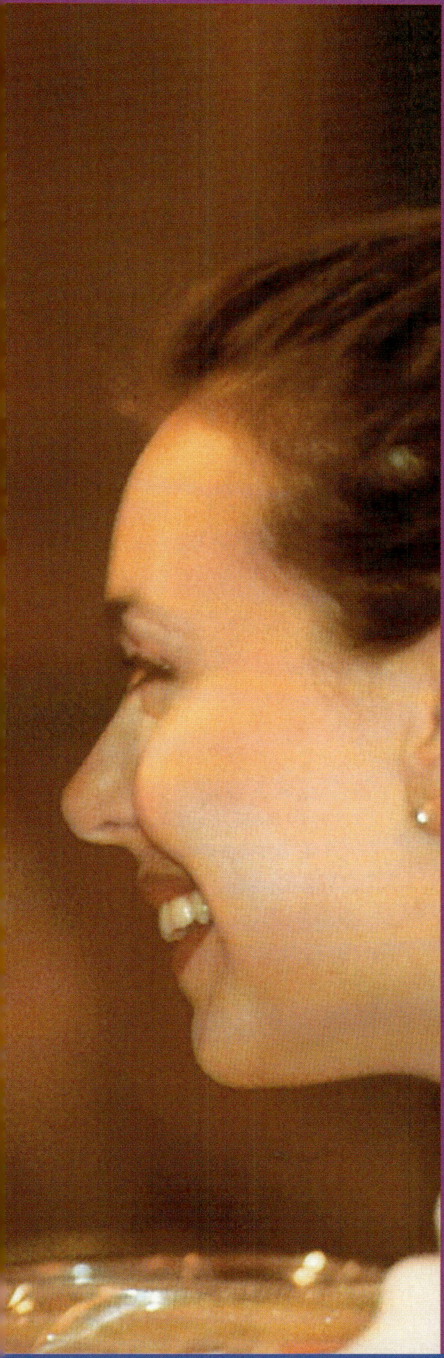

Streiten und Versöhnen, das gehört zum Leben. Ricky und Nataly wissen das nur zu gut. Am liebsten verzeihen sie einander mit einer kleinen Aufmerksamkeit, zum Beispiel Mausespeck. Wenn's besonders heftig zur Sache ging, reicht das nicht mehr, dann muß auch schon mal eine Torte her – und zwar eine ganz besonders ausgefallene.
Seht selbst.

Exotischer Fruchtsalat

Wenn das Hauptgericht eher deftig ausfällt, liefert so ein Obstsalat die Vitamine hinterher. Unsere exotische Variante mit Alkohol ist auch ein ziemlicher Partyknüller – und natürlich nix für Kinder ...

So geht's

❶ Zunächst mußt Du 2 Orangen und die Grapefruits filetieren. Dazu schneidest Du die Schale mit einem scharfen Messer großzügig bis auf das Fruchtfleisch ab. Mit der Messerspitze schneidest Du dann entlang der Zwischenhäute und trennst so die Filets heraus. Die gibst Du mit 2 Eßlöffeln Zucker in eine Schüssel und vermischst alles.

❷ Die Kiwis werden geschält und in Scheiben geschnitten, die Melone halbiert und entkernt. Mit dem Kugelausstecher oder einem Teelöffel löst Du Bällchen aus dem Fruchtfleisch.

❸ Den restlichen Zucker gibst Du mit ca. 4 Eßlöffeln Wasser in einen Topf und läßt ihn bei schwacher Hitze kurz einkochen. Abkühlen lassen, den Rum hinzugeben und über die Melonenkugeln gießen.

❹ Die Melonenkugeln und die Kiwischeiben zu den Zitrusfrüchten geben und mit Pinienkernen mischen. Den Saft der dritten Orange auspressen und über den Fruchtsalat geben. Ein paar Minuten ziehen lassen, mit Minze- oder Zitronenmelisse-Blättchen und Puderzucker garnieren.

Das brauchst Du

für 4

- *3 Orangen*
- *2 rosa Grapefruits*
- *4 Kiwis*
- *1 Honigmelone*
- *5 EL Zucker*
- *2 EL weißen Rum*
- *1 EL Pinienkerne*
- *Frische Minze oder Zitronenmelisse, Puderzucker zum Bestäuben*

- *Scharfes Messer, große Schüssel, kleinen Topf, Zitruspresse, falls vorhanden: Kugelausstecher*

TiP

Deko: Viele möglichst exotische Früchte (z. B. Kap-Stachelbeeren) auf den Tisch legen, in zwei Äpfel Kerzen stecken – sieht super aus.

Das brauchst Du

für 4

- *500 g Magerquark*
- *150 g Joghurt (3,5% Fett)*
- *600 g Erdbeeren (frisch oder tiefgekühlt)*
- *3 EL flüssigen Honig*
- *1 TL Zitronensaft*
- *125 g Sahne*
- *evtl. 50 g gehackte Pistazienkerne*

- *2-3 Schüsseln*

Bärenstarker Beerenquark

Diese Süßspeise läßt garantiert keinen Deiner Gäste kalt. Quark macht stark, Beeren haben viele Vitamine – das klingt zwar fürchterlich gesund, schmeckt aber himmlisch cremig und verführerisch gut!

So geht's

❶ Wenn Du gefrorene Beeren verwendest, nimmst Du sie am besten am Abend vorher aus dem Tiefkühlfach und läßt sie über Nacht in einem Sieb über einer Schüssel abtauen. So läuft der Saft ab und die Beeren werden nicht matschig.

❷ Den Quark mit dem Joghurt in eine Schüssel geben und glatt verrühren. 3 Eßlöffel Honig und einen Teelöffel Zitronensaft ebenfalls unterrühren. Die Sahne steif schlagen und unter die Quark-Creme ziehen.

❸ Frische Erdbeeren mußt Du jetzt waschen, die Blättchen und Stiele entfernen und die Beeren gut abtropfen lassen.

❹ Dann richtest Du Creme und Beeren an: In eine große Schüssel oder mehrere kleine Dessertschälchen füllst Du zuerst die Hälfte der Quarkmasse, darauf den größten Teil der Beeren (ein paar besonders schöne legst Du an die Seite) und obendrauf den Rest Quark. Dann dekorierst Du die Creme mit den übrigen Beeren und, wenn Du magst, auch mit gehackten Pistazien. Fertig ist der perfekte Nachtisch für einen heißen Sommertag.

TiP

Das Ganze schmeckt natürlich auch prima mit gemischten Beeren wie Himbeeren, Blaubeeren und Johannisbeeren!

Star-Rezept von

Tokessa Möller-Martinius

Tokessa Möller-Martinius ist Sonja Wiebe und ißt gerne Süßes.

Viele kennen Tokessa (blaue Augen, blonde Haare) aus Serien wie „Alphateam" und „Gegen den Wind". Seit September 1998 spielt die Hamburgerin in GZSZ die Hauptrolle der Sonja Wiebe. „Darauf habe ich mich riesig gefreut. Ich wollte immer mal ein richtiges Biest spielen", schmunzelt die am 18.1.1977 geborene Tokessa.

Sonja ist die jüngere Schwester von Barbara Graf und hat eine ziemlich harte Kindheit hinter sich. Vielleicht der Grund dafür, daß sie oft überheblich und rücksichtslos auftritt. Ihr ist jedes Mittel recht, um ans Ziel zu kommen. Die ehrgeizige Sonja ist gelernte Schneiderin und hat sogar eine eigene Modekollektion entworfen. Dann die Tragödie: Nach einem schweren Unfall „verliert" sie ihr Gesicht. Und damit muß sie erst mal klarkommen.

In ihrer Freizeit treibt Tokessa viel Sport – Reiten, Inline skaten, Tanzen (am liebsten Jazz- und Modern Dance). Und sie nascht gern – die schlanke Schönheit kann sich's leisten.

Tiramisu

So geht's

❶ Zunächst machst Du eine Tasse starken Kaffee, läßt ihn abkühlen und mischst ihn mit dem Cognac.

❷ Eigelb und Eiweiß werden jetzt getrennt: Eier aufschlagen, Eiweiß in eine Schüssel laufen lassen, Eigelb in eine andere geben. Zu dem Eigelb gibst Du den Zucker und rührst beides mit dem Handrührgerät so lange, bis es schaumig ist. Dann schlitzt Du die Vanilleschote längs auf, kratzt das Mark (schwarze Körnchen) in die Masse, gibst Mascarpone und Quark hinzu und rührst alles gut durch.

❸ Jetzt säuberst Du das Handrührgerät, schlägst das Eiweiß steif und hebst es unter die Mascarpone-Quark-Masse.

❹ Du legst eine Schicht Löffelbisquits so in die Auflaufform, daß der Boden vollständig bedeckt ist. Darüber gießt Du die Hälfte des Kaffee-Cognac-Gemischs. Jetzt die Hälfte der Mascarpone-Quark-Creme darauf glatt streichen. Es folgt eine weitere Schicht Löffelbisquits, der restliche Kaffee-Cognac und die Creme. Mit Folie abdecken und im Kühlschrank ca. 2 Stunden ruhen lassen.

❺ Vor dem Servieren dick mit durchgesiebtem Kakao bestäuben, in Stücke schneiden und mit den Früchten anrichten. Achtung: Tiramisu sollte spätestens am nächsten Tag verzehrt werden!

Das brauchst Du *für 4*

- *250 g Mascarpone (italienischer Frischkäse)*
- *250 g Sahnequark*
- *1 Tasse starken Kaffee*
- *2 Packungen Löffelbisquits*
- *4 cl Cognac*
- *3 ganz frische Eier*
- *50 g Zucker*
- *1/2 Vanilleschote*
- *Kakaopulver zum Bestäuben*

- *2 Schüsseln, Handrührgerät, AuflaufForm, kleines Sieb*

Popcorn-Zitronenquark-Torte

Torten sind langweilig und altmodisch? Weit gefehlt! Diese lecker-leichte zitronig-schokoladige Torte ist im wahrsten Sinne des Wortes poppig: Der Gag ist hier nämlich das Popcorn. Und: Du brauchst für diese Torte keinen Backofen!

Das brauchst Du

- *200 g Zartbitterschokolade*
- *75 g Popcorn*
- *8 Blatt weiße Gelatine*
- *500 g Magerquark*
- *150 g Magerjoghurt*
- *50 g Zucker*
- *2 unbehandelte Zitronen*
- *300 g Sahne*

- *2 unterschiedlich große Töpfe, großen Teller, Springform (26 cm Durchmesser), Backpapier, 2 Schüsseln, Handrührgerät, Spritzbeutel*

So geht's

❶ Zunächst kümmerst Du Dich um den Boden. Dafür mußt Du die Schokolade im Wasserbad auflösen: Hänge den kleineren der beiden Töpfe (eine Metallschüssel mit Rand geht natürlich auch) in den größeren und fülle den Zwischenraum zu 3/4 mit Wasser. Das erhitzt Du langsam. Es sollte sehr heiß sein, aber nicht kochen. In den kleineren Topf gibst Du 150 Gramm Schokolade und läßt sie unter Rühren langsam schmelzen. Die restliche Schokolade brauchst Du für die Verzierung. Wenn die Schokolade weich ist, rührst Du das zerkleinerte Popcorn hinein. Achtung: 12 Stück Popcorn für die Verzierung zur Seite legen.

❷ Jetzt legst du die Springform mit Backpapier aus, und zwar den Boden und den Rand. Da füllst Du die Schokoladen-Masse hinein und drückst sie ein wenig fest.

❸ Für den Belag legst Du die Gelatine in einen Teller, übergießt sie mit Wasser und läßt sie ein paar Minuten einweichen. Dann gibst Du Quark, Joghurt, Zucker und den Saft der beiden Zitronen in eine Schüssel und verrührst alles gut. Gelatine gründlich ausdrücken, auflösen und unter die Quark-Joghurt-Masse rühren.

❹ In der zweiten Schüssel schlägst Du 200 Gramm Sahne mit dem Handrührgerät steif und hebst sie vorsichtig unter die Quark-Masse. Dann gibst Du diese auf den Schoko-Boden in die Form, streichst sie glatt und läßt sie 60 Minuten im Kühlschrank fest werden.

❺ Dann schlägst Du die restliche Sahne steif, füllst sie in den Spritzbeutel und spritzt kleine Sahnetuffs auf die Torte (siehe Foto).

❻ Anschließend läßt Du in dem Wasserbad (s. o.) die restliche Schokolade schmelzen. Das beiseite gelegte Popcorn tauchst Du dort hinein und setzt es auf die Sahnetuffs. Torte mit der restlichen Schokolade verzieren.

Milky-Way-Torte

I did it Milky way ... Warum nicht? Manchmal kann Kinderkram ja ziemlich klasse sein. Warum die kleinen Riegel also nicht in die vielleicht trendigste Torte des Universums verwandeln? Diese üppige Kreation besteht aus Boden, Joghurtcreme, Belag und Milky-Way-Creme.

Das brauchst Du

- *500 g Schlagsahne*
- *8 Riegel Milky Way*
- *100 g Zartbitterschokolade*
- *2 Eier*
- *1 Dose Pfirsiche (ca. 450 g)*
- *300 g Joghurt natur*
- *100 g Zucker*
- *4 EL Nuß-Nougat-Creme*
- *75 g Mehl*
- *50 g Speisestärke*
- *2 Päckchen Sahnesteif*
- *1 Päckchen Vanillinzucker*
- *1 TL Backpulver*
- *1 Pck. Tortenguß klar*
- *1 Päckchen weiße Gelatine gemahlen*
- *1/2 Zitrone*
- *Kakaopulver*

- *Rührschüssel, Handrührgerät, 4 Schüsseln, Backpapier, Kuchenrost, Sieb, 2 unterschiedlich große Töpfe, Meßbecher*

So geht's

❶ Wir beginnen einen Tag vorher: Für die Milky-Way-Creme die Sahne mit den Milky Ways in einem Topf bei schwacher Hitze erwärmen, bis diese geschmolzen sind. Die Schokolade grob zerkleinern, dazugeben und ebenfalls auflösen. Die Masse in eine Schüssel füllen und über Nacht kalt stellen.

❷ Jetzt stellst du den Backofen an, der auf 180 Grad vorheizen soll. Für den Biskuitteig Eier und 2 Eßlöffel heißes Wasser in eine andere Schüssel geben und mit dem Handrührgerät bei höchster Stufe in einer Minute schaumig schlagen. Zucker mit Vanillinzucker mischen, in einer Minute einstreuen und noch etwa 2 Minuten schlagen.

❸ Mehl, Speisestärke und Backpulver in einer weiteren Schüssel mischen, die Hälfte davon auf die Eiercreme sieben und kurz auf niedrigster Stufe mit dem Handrührgerät unterarbeiten. Den Rest des Mehlgemisches dann auf die gleiche Weise einrühren.

❹ Die Springform legst Du mit Backpapier aus und gibst den Teig hinein. Dann schiebst Du die Form in den Ofen: 20-30 Minuten bei 180 Grad backen.

❺ Dann löst Du den Tortenboden aus der Form, stürzt ihn auf den Kuchenrost und ziehst das Backpapier ab. Boden erkalten lassen.

❻ Für den Belag läßt du die Pfirsiche auf einem Sieb gut abtropfen. Den Saft fängst du dabei auf, denn 250 ml Saft brauchst du für den

In Folge 1425 wird Cora von ihrer Familie mit einer Geburtstagstorte überrascht.

Happy Birthday, Cora!

Belag, den Rest für die Joghurtcreme. Die Nuß-Nougat-Creme läßt du im Wasserbad schmelzen: Hänge den kleineren der beiden Töpfe (eine Metallschüssel mit Rand geht natürlich auch) in den größeren und fülle den Zwischenraum zu 3/4 mit Wasser. Das erhitzt Du langsam. Es sollte sehr heiß sein, aber nicht kochen. In den kleineren Topf gibst Du die Nuß-Nougat-Creme. Wenn sie schön zerlaufen ist, streichst Du sie auf den Tortenboden. Die Pfirsiche in Spalten schneiden und auf dem Boden verteilen.

TiP

Mehr leckere Rezepte für Modetorten findet Ihr in dem Buch „Modetorten" von Dr. Oetker.

❼ Aus Tortenguß, Zucker, und Pfirsichsaft nach Packungsaufschrift einen Guß bereiten und auf den Pfirsichen verteilen.

❽ Für die Joghurtcreme Gelatine mit 4 Eßlöffeln kaltem Wasser anrühren und 10 Minuten quellen lassen. Joghurt mit dem Saft einer halben Zitrone und dem restlichen Pfirsichsaft verühren.

❾ Jetzt die gequollene Gelatine in einem Topf unter Rühren erwärmen, bis sie gelöst ist, dann unter die Joghurtmasse rühren. Die Masse auf die Pfirsiche streichen und die Torte kalt stellen.

❿ Die Milky-Way-Creme mit dem Handrührgerät und dem Sahnesteif steif schlagen, auf die Joghurtmasse geben, glattstreichen und mit einer Gabel Vertiefungen eindrücken (siehe Foto). Die Torte mit Kakao bestreuen und nochmals 3 Stunden kaltstellen. Besonders hübsch wird die Torte, wenn Du Dir eine Papierschablone anfertigst und mit Puderzucker kleine Bildchen auf den Kakao malst (Foto).

Rosinen-Bananen-Muffins

Muffins sind kleine Kuchen aus einem einfachen Rührteig. Sie kommen aus Amerika, wo sie sehr beliebt sind – nicht nur bei Kindern. Dieses Rezept ist eine besonders raffinierte, knackig-fruchtige Variante.

Das brauchst Du

für ca. 16 Muffins

- *3 Bananen*
- *100 g saure Sahne*
- *150 g Zucker*
- *80 g Butter*
- *3 Eier*
- *100 g Rosinen*
- *100 g Cornflakes*
- *150 g Mehl*
- *1 TL Backpulver*
- *1 Prise Salz*

- *Handrührgerät, 2-3 Rührschüsseln, Mixer oder Pürierstab, Papierförmchen (im Supermarkt), Backofen*

So gehts

❶ Zuerst schälst Du die Bananen, schneidest sie in kleine Stücke und zerquetschst sie in einer Schüssel mit einer Gabel. Darunter rührst Du die saure Sahne, die Hälfte des Zuckers und eine Prise Salz, bis eine glatte Masse entsteht. Einfacher geht das mit einem Mixer oder Pürierstab.

❷ Jetzt schlägst Du die Butter mit den Eiern und dem restlichen Zucker in einer Schüssel mit dem Handrührgerät schaumig. Dann die Bananenmasse dazugeben und alles gut untereinander rühren.

❸ Das Mehl in einer weiteren Schüssel mit dem Backpulver, den Cornflakes und den Rosinen vermischen und zusammen mit der Bananenmasse zu einem glatten Teig verarbeiten.

❹ Den Backofen auf 180 Grad vorheizen. Auf ein Backblech setzt Du jetzt die Papierförmchen (am besten immer mehrere ineinander, damit die Masse nicht verläuft) und füllst den Teig hinein. Dann werden die Muffins in ca. 25 Minuten fertig gebacken.

TiP

Am besten schmecken die Muffins frisch aus dem Ofen. Man kann sie aber auch 2-3 Tage in einer Dose aufbewahren und wieder aufbacken.

Das brauchst Du

- *1 fertigen Tortenboden*
- *1 Päckchen Vanillecremepulver (kein Puddingpulver!)*
- *1 Päckchen klaren Tortenguß*
- *ca. 600 g Früchte und Beeren nach Wunsch, z. B. 1 gr. Dose oder 4 frische Pfirsiche und 300 g gemischte Beeren (frisch oder tiefgekühlt)*
- *evtl. 1 Becher Schlagsahne*

- *Schüssel, Sieb, kleinen Topf, Messer*

Bunte Obsttorte mit Vanillecreme

Kuchen backen muß nicht immer mit viel Aufwand verbunden sein. Bei diesem Rezept kommst Du sogar ohne Backofen aus. Wenn Du die Zutaten auf Vorrat kaufst, kannst Du auch für überraschende Gäste schnell eine köstliche Torte zaubern.

So geht's

❶ Gefrorene Beeren am besten über Nacht in einem Sieb über einer Schüssel auftauen lassen, damit der Saft abläuft. Wenn es schnell gehen muß, kannst Du sie auch in einem kleinen Topf bei schwacher Hitze auftauen und dann in ein Sieb abgießen und auskühlen lassen.

❷ Den Tortenboden auf einen großen, flachen Teller oder eine Platte legen. Dann bereitest Du die Vanillecreme nach Packungsanweisung zu und streichst sie auf den Tortenboden.

❸ Wenn Du frische Pfirsiche nimmst, mußt Du sie jetzt gut waschen und in schmale Spalten schneiden. Dosenpfirsiche mußt Du nur abtropfen lassen und genauso kleinschneiden. Frische Beeren werden ebenfalls gewaschen und eventuell geputzt.

❹ Nun darfst Du Deinem künstlerischen Talent freien Lauf lassen und die Früchte so auf dem Tortenboden mit der Vanillecreme verteilen, wie es Dir am besten gefällt. Darüber kommt dann noch der nach Packungsangabe angerührte Tortenguß. Der muß etwas steif werden (Torte am besten ca. eine halbe Stunde in den Kühlschrank stellen), und dann kannst Du Deinen Gästen eine farbenfrohe, appetitliche Obsttorte servieren. Wer mag, reicht noch Schlagsahne dazu.

Noch mehr Dessert-Rezepte findest Du hier:

S. 64: Wonne-Waffeln
S. 66: Milchreis
S. 67: Mousse au chocolat

Drinks aus Daniels Bar

Es muß ja nicht immer Alkohol sein – denkt sich auch A. R. Daniel und bietet in seiner Bar neben klassischen Cocktails alkoholfreie Drinks an. Hier sind einige seiner Lieblingskreationen.

Banana Boat

für 1

Das brauchst Du

- *4 cl Bananensirup*
- *4 cl Maracujasaft*
- *4 cl flüssige Sahne*

So geht's

Alle Zutaten im Shaker mit Würfeleis gut schütteln und in eine Sektflöte füllen.

Cool Kiwi

für 1

Das brauchst Du

- *2 cl Kiwisirup*
- *2 cl Limettensaft*
- *Ginger Ale zum Auffüllen*
- *1/2 unbehandelte Zitrone*

So geht's

Kiwisirup und Limettensaft unter Rühren mit Eiswürfeln mischen, in ein Glas abseihen und mit eiskaltem Ginger Ale auffüllen. Zitronenscheiben in Stücke schneiden und dazugeben.

Red Sweetie

für 1

Das brauchst Du

- *50g Erdbeeren*
- *2 cl Grenadine*
- *Ginger Ale zum Auffüllen*
- *Erdbeeren zum Dekorieren*

So geht's

Erdbeeren putzen und im Mixer mit Grenadine pürieren, in ein Glas geben und mit eiskaltem Ginger Ale auffüllen. Eine kleine Erdbeere zur Dekoration an den Glasrand kleben.

Orangen-Buttermilch-Shake

für 1

Das brauchst Du

- *1/8 l Buttermilch*
- *1 Orange*
- *1/2 Grapefruit*
- *1/2 Päckchen Vanillezucker*
- *1 EL Zucker*

So geht's

Kurz und schmerzlos: Orange und Grapefruit schälen und die Früchte zusammen mit den anderen Zutaten im Mixer verquirlen. In ein hohes Glas füllen – fertig.

Prärie-Auster

für 1

Das brauchst Du

- *6 cl Tomatensaft*
- *1 Eigelb*
- *1 cl Essig*
- *Tabasco*
- *Worcestersauce*
- *Pfeffer (frisch gemahlen)*

So geht's

Das ist der ultimative Kater-Killer, falls es doch mal zu viel Alkohol war: Den Tomatensaft gut mit dem Eigelb verrühren. Mit dem Essig und je einem Spritzer Tabasco und Worcestersauce und einer Prise Pfeffer sehr scharf abschmecken. Wirkt garantiert!

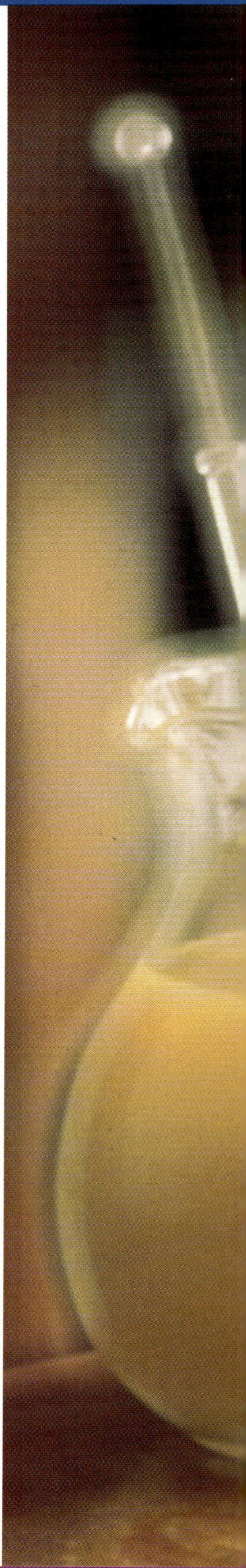

Basics

Das ist kein Buch für Oma. Die weiß, wie es geht. Aber für alle, die erste Kocherfahrungen sammeln, ein paar Grundrezepte und Tips. Damit nichts anbrennt oder schiefgeht.

Equipment

Das gehört in eine gute Küche

- *3 unterschiedlich große Töpfe*
- *je eine kleine und große Pfanne, möglichst beschichtet und mit Deckel*
- *je 2-3 unterschiedlich große Schüsseln aus Porzellan und Kunststoff*
- *1 Pfannenwender*
- *1 Dosenöffner*
- *1 Küchenmaschine oder*
- *1 elektrisches Handrührgerät*
- *2 Schneidebretter*
- *3-4 Geschirrhandtücher*
- *1 Holzkochlöffel*
- *1-2 Küchenmesser*
- *1 Tomatenmesser*
- *1 Brotmesser*
- *1 großes Fleischmesser*
- *1 Sparschäler*
- *1 Knoblauchpresse*
- *1 Meßbecher, (1 Liter)*
- *Salz- und Pfefferstreuer*
- *1 Schneebesen*
- *1 großes Sieb*
- *1 Suppenkelle*
- *1 Mehrzweckreibe*

Salzkartoffeln

Kartoffeln schälen, waschen und in gleich große Stücke schneiden. In einen Topf geben, mit Wasser bedecken und etwas Salz (je nach Kartoffelmenge 1-2 Teelöffel) hinzugeben. Zum Kochen bringen und dann auf mittlere Stufe herunterschalten. Garzeit ca. 20 Minuten. Wenn Du mit der Gabel hineinpiekst, stellst Du fest, ob die Kartoffeln schon weich sind. Wasser abgießen.

Pellkartoffeln

Die Kartoffeln waschen und in einen Topf geben, mit Wasser bedecken, Salz (je nach Kartoffelmenge 1-2 Teelöffel) dazugeben und zum Kochen bringen. Auf mittlere Hitze schalten und ca. 30 Minuten kochen (Gabeltest!). Wasser abgießen und die Kartoffeln mit einem Küchenmesser pellen.

Bratkartoffeln

Kartoffeln waschen, schälen und in dünne Scheiben schneiden. Reichlich Öl in einer großen Pfanne sehr heiß werden lassen. Die Kartoffelscheiben darin bei mittlerer bis starker Hitze kräftig anbraten, bis sie schön braun sind. Einige Male wenden. Dann die Temperatur auf niedrige Stufe stellen. 1-2 Zwiebeln schälen und würfeln. Zu den Kartoffeln geben, alles mit Salz und Pfeffer abschmecken. In ca. 20-25 Minuten gar braten. Hin und wieder wenden, damit nichts am Boden anbrennt. Nimmst Du gekochte Kartoffeln, verringert sich die Garzeit: nach dem Anbraten nur noch die Zwiebeln mitdünsten.

Kartoffelpüree

Kartoffeln wie Salzkartoffeln kochen, abschütten. Mit einem Pürierstab oder einem Kartoffelstampfer pürieren. Soviel Milch unterrühren, bis ein cremiger Brei entsteht. Mit etwas Butter und je einer Prise Pfeffer und Muskatnuß abschmecken.

Reis

Kochbeutelreis ist am schnellsten gar. Gut bedeckt mit kaltem Wasser aufsetzen und nach Packungsangabe kochen. Sonst gilt für Langkornreis die Faustregel 1 zu 2, also 1 Tasse Reis wird mit 2 Tassen Wasser gekocht. Es dauert je nach Sorte ca. 15-20 Minuten. Milchreis und Avorio-Reis (Risotto-Reis) benötigen die drei- bis vierfache Wassermenge und eine etwas längere Kochzeit. Reis mit (kaltem) Wasser und etwas Salz aufsetzen und zum Kochen bringen, dann auf niedrigste Hitze stellen und garziehen lassen. Sobald das Wasser verkocht ist, ist auch der Reis gar. Vorsicht: Anbrenngefahr.

Nudeln

Reichlich Wasser in einem großen Topf aufkochen. Auch mit Salz nicht zu zimperlich sein. Wenn das Wasser sehr aufschäumt, gibst Du einige Tropfen Öl hinein. Die Garzeit der Nudeln steht auf der Packung. Zur Garprobe eine Nudel probieren. Sie sollten Biß behalten, also „al dente" sein. Nudelwasser durch ein Sieb abgießen. Willst Du die Nudeln kalt weiterverarbeiten, solltest Du sie kalt abspülen, so behalten sie ihre Form.

Saucen

Gute Saucen sind die Krönung der Kochkunst. Daran wird jede Köchin oder jeder Koch gemessen. Deshalb hierzu einige schnelle Tips.

Die Basis der Sauce ist der Bratenfond. Der entsteht durch das Braten oder Kochen von Fleisch. In den Bratenfond gibst Du für eine Sauce ein Eigelb, Sahne, Crème fraîche oder Butter. Alles zusammen köchelst Du unter ständigem Rühren zu einer sämigen Sauce. Nicht mehr aufkochen lassen.

Zum Andicken von Bratenfond gibt es verschiedene Möglichkeiten. Meist wird Speisestärke (z. B. Mondamin) eingerührt und aufgekocht. Vorsicht – je mehr Du einrührst, um so pampiger wird die Sauce.

Pürierst Du mitgegartes Gemüse, gibt es eine leichte, kalorienarme Bindung für die Sauce.

Instantbrühe

Sollte in keiner Küche fehlen. Es gibt sie in vielen Varianten – als Pulver, Brühwürfel oder „Gekörnte Brühe". Und auch in zahlreichen Geschmacksversionen (Fleisch-, Hühner- oder Gemüsebrühe). Wenn in einem Rezept von „2 Teelöffeln Instantbrühe" die Rede ist, so meinen wir damit die Menge Pulver, die Du verwendest. Es wird in Flüssigkeit aufgelöst.

Salatsauce

für alle Salat-Sorten

Das brauchst Du

- *1 kl. Zwiebel*
- *1 TL Senf (mittelscharf)*
- *1/2 TL Honig*
- *3 EL Essig (Balsam- oder Weißweinessig)*
- *3-4 EL Öl (Oliven- oder Sonnenblumenöl)*
- *Salz, Pfeffer*

- *Schüssel, Messer*

So geht's

Zwiebel schälen und würfeln. Der Reihe nach alles miteinander gut verrühren bis eine sämige Sauce entsteht.

Joghurt-Salatsauce

Das brauchst Du

- *1 kl. Becher Naturjoghurt, saure Sahne oder Schmand (ca. 150 g)*
- *3 EL Zitronensaft*
- *2 EL Öl*
- *1 Bund Kräuter (z. B. Dill, Petersilie oder Schnittlauch)*
- *Salz, Pfeffer*

- *Schüssel, Messer*

So geht's

Das Öl, den Zitronensaft und den Joghurt mit einer Gabel verrühren. Einen halben Teelöffel Salz und ordentlich Pfeffer dazugeben. Die gewaschenen und kleingeschnittenen, oder gezupften Kräuter unterrühren. Abschmecken, fertig.

Stock

Was man zuhause haben sollte

Basics *Milch, Eier, Butter, Mehl, Zucker, Zwiebeln, Kartoffeln, Reis, Nudeln*
Konserven *Tomaten (geschält), Bohnen, Linsen, Champignons*
Saucengrundlagen *Essig, Öl (Olivenöl und ein neutrales), Zitrone, Sahne, Instantbrühe, Wein*
Gewürze *Salz, Pfeffer, Paprika, Muskatnuß, Knoblauch, Senf, Basilikum, Curry, Rosmarin, Thymian, Zimt*
Edles *Parmesankäse, Krabben (am besten tiefgekühlt, sonst Dose), frische Kräuter (im Topf)*
Frisches *wie Gemüse, Kräuter, Fisch, Fleisch etc. kauft man dann, wenn's gebraucht wird.*

Mayonnaise

Für den besten Burger oder zu den besten Fritten der Welt.

Das brauchst Du

- *1 Eigelb*
- *1 EL Weißweinessig oder Zitronensaft*
- *1/8 Liter Öl*
- *Salz, Zucker*

- *Schüssel, Handrührgerät*

So geht´s

Eigelb, einen Eßlöffel Essig oder Zitronensaft, eine Prise Salz und einen halben Teelöffel Zucker in eine Schüssel geben und zu einer Masse verquirlen. 1/8 Liter Salatöl langsam (!) unter ständigem Rühren zugeben. Eventuell noch mit Senf abschmecken. Fertig.

Armer Ritter	65
Aufbau-Süppchen	60
Baked Potatoes mit Sourcream	39
Banana Boat	124
Beerenquark	117
Blumenkohl „einfach"	30
Bohnen, scharf	80
Bratäpfel	20
Broccoli auf Hafer	31
Bruschetta	107
Caprese	28
Cayenne-Hähnchen	44
Cheeseburger	42
Chicken Wings, scharf	37
Chili con carne	43
Cool Kiwi	124
Coq au vin	87
Crespelle mit Nüssen	49
Eier in Chilisauce	109
Ente mit Zucchini-Aprikosen-Gemüse	84
Feuertopf	99
Fischfilet mit Orangensauce	92
Frikadellen, klassisch oder exotisch	103
Fruchtsalat, exotisch	116
Garnelen, provençalisch	106
Gazpacho Andaluz	93
Gemüseplatte, knackig	14
Gemüse mit Dip	96
Gnocchi al gorgonzola	77
Grünkern-Bratlinge	25
Guacamole mit Nachos	41
Häschennudeln, rosarot	49
Hawaii Toast	111
Heringsstipp mit Pellkartoffeln	78
Käsesuppe	75
Kartoffelbrei mit Käse	81
Kartoffelsalat	98
Kartoffelsuppe exquisit	81
Kichererbsenpüree	26
Kürbiscremesuppe mit Ingwer	86
Lachskoteletts mit Zitronen-Basilikumsauce	88
Lauchsalat mit Schafskäse	24
Linsensalat mit Schafskäse	62
Linsensuppe	75
Milchreis	66
Milky-Way-Torte	120
Minestrone	12
Möhrensalat mit Apfel	32
Moussaka	15
Mousse au chocolat	67
Muffins mit Rosinen und Bananen	122
Nudeln, gebraten	73
Nudeln mit Backobst	63
Nudeln mit Tomatensauce	76
Nudelsalat, mediterran	100
Nürnberger mit Bohnen und Kartoffelpüree	61
Obsttorte mit Vanillecreme	123
Orangen-Buttermilch-Shake	124
Partybutter in fünf Variationen	97
Pasta alla Bolognese	19
Penne burro e salvia	113
Petersiliensalat, libanesisch	33
Pfannkuchen	72
Pfeffergeschnetzeltes mit Klößen und Salat	90
Pizza vom Blech	13
Pommes, perfekt	42
Popcorn-Zitronenquark-Torte	119
Ranchers Pfanne	38
Ratatouille	52
Ravioli, gebacken	63
Red Sweetie	124
Reibekuchen, verführerisch	56
Rinderfilet mit Gratin und glasierten Zwiebeln	55
Risibisi mit Ei	17
Rührei Midnight	112
Salat mit Kräuterbaguette	74
Salat mit Schafskäse	102
Saltimbocca	50
Sauerbraten	18
Schafskäse, gebacken	111
Schnitzel in Cornflakeskruste	89
Sellerie mit Gorgonzolabutter	56
Spaghetti aglio-olio	43
Spaghetti alla carbonara	110
Spaghetti mit Schinken-Pilze-Sauce	16
Spareribs	40
Spargel mit Schinken	57
Spinatsalat, amerikanisch	41
Spinat-Tortilla	108
Super-Fitneß-Pita	27
Super-Satt-Salat	14
Tacos mit Hackfleisch und roten Bohnen	36
Tiramisu	118
Tomaten-Pilz-Lasagne	30
Vitello tonnato	85
Waffeln	64
Wok-Topf, vegetarisch	29
Zwiebelhähnchen	21

GUTE ZEITEN SCHLECHTE ZEITEN